Wunibald Müller

Der Letzte
macht das Licht aus?

Inhalt

Vorwort

Ich habe in den vergangenen 25 Jahren als Leiter des Recollectio-Hauses kirchliche Mitarbeiter und Mitarbeiterinnen nicht nur von außen, sondern auch von innen kennenlernen dürfen und bin auf diese Weise auch mit innerkirchlichem Leben und seiner Wirklichkeit, die sich nicht selten von dem äußeren Schein unterscheidet, vertraut geworden.

Auf diesem Hintergrund will ich einige spirituell und psychologisch ausgerichtete Anregungen machen, wie die Kirche mit der augenblicklichen Situation umgehen kann, vor allem aber auch, wie die Mitglieder der Kirche, die kirchlichen Mitarbeiter und Mitarbeiterinnen psychologisch und spirituell damit zurechtkommen können. Ich kann keine Rezepte anbieten, auch keine scharfsinnigen Analysen vortragen, gar Lösungen anbieten, wie es angesichts dieser Situation weitergeht oder weitergehen könnte. Ich will Mut machen, die Wirklichkeit nicht auszublenden, sondern sich ihr schonungslos zu stellen, ohne sich von ihr total herunterziehen zu lassen. Denn es gibt auch nach wie vor viel Schönes, das uns aufbaut, wenn wir einen Blick dafür haben oder uns den Blick dafür bewahrt haben. Bis dahin, dass wir vielleicht sogar, wenn wir genau hinschauen, sehen und entdecken, was wir bisher übersehen haben, weil wir uns von einem falschen Licht haben blenden lassen.

Während ich das schreibe, taucht ein Traum aus der vergangenen Nacht in mir auf. Ein Priester fragt mich, ich glaube, es ist sogar der Regens eines Priesterseminars, ob wir denn damit rechnen können, in Zukunft überhaupt noch Priester zu haben, und ich antworte und ich weiß nicht, woher ich diese Zuversicht nehme, dass ich fest daran glaube. Es ist eine Gewissheit, die sich nicht an den Realitäten festmachen lässt, sondern die aus einer anderen Quelle gespeist wird. Diese Quelle, die man auch als Glaube oder Hoffnung bezeichnen kann, die uns das Evangelium schenkt und von der wir uns nicht abbringen lassen (vgl. Kol 1,23), ist mehr denn je gefragt, wenn man Ausschau danach hält, wie es in der Kirche weitergehen soll. Sie kann eine hilfreiche Quelle sein, wenn man sie nicht dazu benutzt, die Wirklichkeit zu beschönigen, notwendigen Veränderungen aus dem Weg zu gehen und Luftschlösser zu bauen oder es sich dort gemütlich zu machen. Wir benötigen sie, um mit ihrer Hilfe das anzugehen, was wir angehen müssen, um dem wieder näherzukommen, worum es uns, worum es der Kirche letztendlich geht.

Da das, was und worüber ich schreibe, mich selbst als Christ und Katholik betrifft, der sich viel in der Kirche engagiert hat, kann ich nicht nur aus einer vornehmen Distanz heraus darüber schreiben. Vielmehr muss ich und will ich das als Betroffener entsprechend engagiert angehen. Ich will ja mit meinen Ausführungen auch dazu beitragen, dass es weitergeht mit der Kirche, das grundsätzliche Potenzial, das sie hat, genutzt wird, vielleicht sogar ausgelöst durch die Krise, in der sie sich befindet, noch besser als das bisher geschehen ist.

Die Überlegungen, die ich hier vorstelle, habe ich zum Teil das erste Mal auf Einladung des damaligen Bischofsadministrators der Diözese Limburg, Weihbischof Grothe, und des Personalchefs der Diözese, Georg Franz, vor den Priestern und Diakonen der Diözese Limburg und auf Einladung von Stadtdekan Johannes zu Eltz vor kirchlichen Mitarbeitern und Mitarbeiterinnen des Stadtdekanats Frankfurt vorgetragen. Ihnen verdanke ich auch den Titel des Buches. Mein Dank geht auch an Heribert Handwerk, der mich dazu ermutigt hat, die Überlegungen weiter auszuführen und in Buchform zu bringen.

Wunibald Müller

I. TEIL

1. Kapitel
Der Letzte macht das Licht aus

Die alte Kirche verabschiedet sich

Der inzwischen 80-jährige kirchliche Würdenträger bleibt mit einer Selbstverständlichkeit in seinem Bischofshaus wohnen, auch wenn er nicht länger aktiver Bischof ist. Alle um ihn herum wundern sich, viele empören sich und sind entsetzt. Doch er scheint es nicht zu merken. So sehr hat das Anspruchsdenken, das er von seinem Amt herleitet, von ihm Besitz ergriffen. Er ist nicht länger in der Lage, sich auf die gleiche Ebene mit den anderen zu stellen. Der spirituellen Herausforderung, die für ihn darin bestehen könnte, sich zurückzuziehen, loszulassen, endlich den Weg nach innen anzutreten, stellt er sich offensichtlich nicht. Dabei hat er sich große Verdienste erworben, auf die er dankbar zurückblicken kann. Die Vollendung seines Lebens, so mein Eindruck, würde für ihn darin bestehen, sich jetzt von der inneren Sonne wärmen zu lassen und nicht länger von der äußeren, die ihm nicht geben wird, was er vielleicht immer noch von ihr erwartet.

Was mich erschreckt, ist, wie leicht man sich anscheinend selbst etwas vormachen kann. Da ist es dann auch nicht man selbst, der die Entscheidung trifft, weiterhin im Bischofshaus zu wohnen, sondern das Domkapitel. „Ohne mein Zutun", so sagt er, tut er das. Als müsste man ihn deswegen fast bedauern. Auch sei er natürlich nur aus Pflichtbewusstsein Bischof geworden und nur auf Bitten des Papstes mit 75 nicht zurückgetreten. Warum kann er nicht dazu stehen, dass natürlich auch er genau das wollte. Er gekränkt war, dass er nicht in einer größeren Bischofsstadt Bischof geworden war. Er tödlich beleidigt gewesen wäre, hätte der Papst ihn nicht gebeten, mit 75 weiterzumachen. Er über einen sehr ausgeprägten Ehrgeiz verfügt und durchaus auch autoritäre und klerikale Züge bei sich kennt.

Ich schwanke zwischen innerer Empörung und Traurigkeit. Empörung steigt in mir auf, weil hier jemand sein Amt, aber auch seine Popularität missbraucht, um sich Vorteile daraus zu erwerben, dies aber vehement abstreiten würde, würde man ihm das so sagen. Er offensichtlich nicht (mehr) spürt, wie unglaubwürdig er wird. Wie er wohl auch vorher nicht mehr mitbekommen hat, wie viele in seiner Diözese auf diesen Augenblick gewartet haben, dass endlich ein neuer Bischof kommt, der dann auch wirklich in der Diözese anwesend ist, der nicht ständig zu spät kommt, der nicht Versprechungen macht, die er nicht einhält, der alles besser weiß, der Probleme einfach weglacht. Das alles darf sein und ist menschlich. Entscheidend ist, dass es mir bewusst ist und ich dazu stehe.

Traurig bin ich, weil ich diesen Bischof sehr schätze. Er sich wirklich hingegeben hat und auch durch Rückschläge sich nicht hat entmutigen lassen, Reformen in der Kirche voranzutreiben. Auch hat er immer den konkreten Menschen im Blick gehabt, hat sich fair gegenüber kirchlichen Mitarbeitern und Mitarbeiterinnen verhalten, die in Schwierigkeiten geraten sind, weil sie sich nicht entsprechend den kirchlichen Normen verhalten haben. Es macht mich traurig, dass ein Amt jemanden so entstellen und blind für die eigenen dunklen Flecken machen kann. Er sagte einmal, das Amt eines Bischofs mache einen auch demütig. Davon spüre ich bei ihm wenig.

„Von nun an geht's bergab"

Für mich ist dieser Bischof ein Beispiel für eine Kirche, ein Verständnis von Kirche und Leitung in der Kirche, die zunehmend der Vergangenheit angehören. Er wirkt wie ein Relikt aus vergangenen Zeiten, in der die Kirche noch etwas darstellte, da und dort gar noch als *ecclesia triumphans* glänzen konnte. Diese Zeit ist vorbei, und es ist gut, dass sie vorbei ist. Aber auch gesamtgesellschaftlich spielen die großen Kirchen eine immer geringere Rolle. Darüber kann auch ihre äußere Präsenz in Form von kirchlichen Gebäuden oder medialen Großereignissen, wenn ein Papstbesuch ansteht, nicht hinwegtäuschen.

Vor einiger Zeit besuchte ich an einem hohen kirchlichen Festtag den Vespergottesdienst in einer Klosterkirche. Knapp 20 Gottesdienstbesucher waren anwesend. Dann zogen feierlich die Mönche ein, am Schluss der Abt mit Mitra und goldbesetztem Abtsstab. Bei mir löste das gemischte Gefühle aus. Ja, warum nicht feierlich und getragen? Doch es kam mir auch vor wie ein Geschehen aus einer anderen Welt oder eine Art Puppenspiel. Vor allem aber erinnerte es mich an eine Kirche, die etwas darstellte, es auch verstand, etwas darzustellen, die Einfluss und Macht hatte, von der heute aber nur noch Relikte übriggeblieben sind.

Diese Kirche befindet sich im rasanten Absturz. Man muss es so klar sagen, will man nicht länger den Kopf in den Sand stecken. „Von nun an geht's bergab", heißt es in einem Schlager von Hildegard Knef, den die Älteren vielleicht noch kennen. Genau das trifft auf die Kirche zu. Ich begegne zunehmend einer Kirche, die morsch, hinfällig, einsturzgefährdet ist. Sie erinnert an ein krankes System, das dabei ist, einzustürzen trotz vielfältiger Versuche, es mit immer neuen Stützvorrichtungen davor zu bewahren.

Angesichts dieser Situation mutet es mich eigenartig an, mitzubekommen, wie die Leitungen in den Diözesen immer schneller neue Planungen vorlegen, wie dieser Trend gestoppt werden, wie auf ihn reagiert werden kann. Doch noch ehe die darin geforderten Veränderungen durchgeführt werden können, sind diese Planungen schon zur Makulatur geworden, also zu etwas, das nur noch für den Papierkorb taugt, und man sieht sich gezwungen, wieder neue Überlegungen anzustellen, um der Misere begegnen zu können.

Manche mögen das, was ich hier sage, nicht gerne hören. Ich erinnere mich an einen Vortrag, den ich für kirchliche Mitarbeiter und Mitarbeiterinnen in einer großen bayerischen Diözese hielt. Viele stimmten mir zu, dass die Kirche sich in einer großen Krise befindet. Andere wieder verwiesen auf ihre Erfahrungen in ihren Gemeinden, in denen der Gottesdienst weiterhin gut besucht ist, und auch ein reges Gemeindeleben herrscht. Das ist natürlich schön und soll nicht schlechtgeredet werden. Auch kann sich darin vielleicht zeigen, wie Kirche vor Ort aussieht oder aussehen wird, die eine Chance hat, auch in Zukunft am Leben zu bleiben. Zugleich kann es aber auch sein, dass dort, wo es jetzt um das Gemeindeleben noch einigermaßen gut bestellt ist, der Zerfall einfach nur langsamer vonstattengeht, Traditionen, die anderswo längst schon obsolet geworden sind, sich hier – noch – als robuster erweisen.

Der Wirklichkeit ins Gesicht sehen

Wenn wir uns nichts vormachen und genauer hinschauen, wie dramatisch sich in den letzten Jahren die Gesamtsituation der Kirche verändert hat, dann muss man den Eindruck gewinnen, dass in der katholischen Kirche so langsam die Lichter ausgehen. Jüngstes Beispiel: die Zahlen der Priesterweihen in Deutschland im Jahr 2016. Sie bewegen sich, ohne dass man anscheinend etwas dagegen machen kann, in Richtung null. Wer der Wirklichkeit ins Gesicht sieht, der muss zur Kenntnis nehmen, dass selbst an Weihnachten die Gotteshäuser sich nicht mehr füllen, überhaupt die Zahl der Gottesdienstbesucher am Sonntag auch in der katholischen Kirche immer mehr auf die Größe zusammenschrumpft, wie man es in der Regel von den Protestanten her kannte.

Jeder Seelsorger, jede Seelsorgerin wird zahllose Beispiele aus seinem/ihrem Erfahrungsbereich nennen können, bei denen sie die Erfahrung machen, dass so langsam die Lichter ausgehen, das Interesse an Gott, an Kirche, an ihrer Arbeit gegen null geht. Was der Münsteraner Priester Thomas Frings, der sich vorerst von seiner Diözese verabschiedet und in ein Kloster zurückgezogen hat, in seinem Aufruf „Kurskorrektur" schreibt, bringt vieles auf den Punkt, was in der Kirche und in der Seelsorge im Argen liegt. Mit dem, was er sagt, spricht er vielen Seelsorgern aus dem Herzen. Sie haben wie er längst die Hoffnung aufgegeben, dass die Saat, die sie gesät haben, einmal aufgeht. Sie haben den Glauben verloren, dass der Weg, den sie als Gemeindeseelsorger einst mit Freude und Engagement gegangen sind, in die Zukunft weist.

Viele dieser Seelsorger stehen im Unterschied zu Pfarrer Frings – noch! – als „Verfügungsmasse" einer Kirche bereit, „die auf allen Ebenen mehr an ihrer Vergangenheit arbeitet als an ihrer Zukunft". Sie tun ihren Dienst, aber nicht wenigen unter ihnen ist ihr Herz schon lange nicht mehr so beteiligt, wie das einmal der Fall war. Sie bedienen äußerlich die Tradition, die Erwartungen derer, die sich der Tradition verpflichtet fühlen, innerlich ziehen sie sich aber immer mehr zurück. Ihre Zahl nimmt nach meinen Erfahrungen zu. Da kann auch die großangelegte Seesorgestudie nicht darüber hinwegtäuschen, die den Eindruck erweckt, als sei es mit der Grundstimmung und Grundzufriedenheit unter den Seelsorgern und Seelsorgerinnen insgesamt doch ganz gut bestellt.

Ein offener Brief von elf Kölner Priestern hat ein großes öffentliches Interesse gefunden. Darin beklagen sie unter anderem, dass die Frage nach Gott bei vielen Menschen hierzulande kein Thema mehr ist, dass außerhalb der „Erstkommunion-Saison" kaum noch Kinder und junge Familien zum Gottesdienst kommen und viele Jugendliche und Erwachsene, wenn überhaupt, nur noch punktuell am Leben unserer Gemeinden teilnehmen, obwohl sie sich gerade für junge Familien jahrzehntelang engagiert haben. Sie fordern ein Umdenken in der Pastoralplanung. Kirche muss für sie vor Ort zu finden und zu sprechen sein, die Leitung der Gemeinde gehört dahin, „wo der Kirchturm steht und die Glocken läuten".

Wenn man das hört und beobachtet, wie vieles immer schneller verschwindet, wundert es einen nicht, wenn bei manchen so langsam das Gefühl aufkommt, dass in der Kirche das Licht ausgeht. Mich erinnert das an einen Song von Reinhard Mey, in dem er die Schließung von „Schraders Filmpalast" beschreibt; da heißt es: „Die Türen sind verschlossen, der Schaukasten ist leer. Die Leuchtschrift ist zerschlagen. […] Die Hauswand bunt besprüht, da steht verwaschen und verblasst: Der Letzte macht das Licht aus in Schraders Filmpalast."

Wenn man augenblicklich mitbekommt, wie viele Ordensgemeinschaften ein Haus nach dem anderen schließen, eine Gemeinschaft nach der anderen aufgelöst wird, wie viele Kirchengemeinden ihre Selbstständigkeit verlieren, wie viele Kirchen geschlossen werden, dann ist das brutale Wirklichkeit.

Ich bin mir nicht sicher, ob die Kirche sich schon dem ganzen Ausmaß der Krise wirklich gestellt hat, ja wirklich bereit ist, sich ihr zu stellen, oder es doch lieber vorzieht, darüber hinwegzuschauen. Wie auch immer: Die Wirklichkeit wird sie irgendwann einholen. Manche unter denen, die in besonderer Weise in der Kirche Verantwortung haben, wissen das längst, sprechen auch offen darüber. Andere wieder wollen es nicht wahrhaben, verdrängen es, machen einfach so weiter.

2. Kapitel
Dazu stehen: Wir befinden uns in einer Krise

Die Krise annehmen

Wagen wir den Blick auf unsere kirchliche Wirklichkeit, dürfen wir uns nichts vormachen und müssen dazu stehen, dass wir uns in einer Krise befinden. Für eine Krise aber ist es typisch, dass wir verunsichert sind. Krisen können uns an den Rand unserer Möglichkeiten bringen. Sie können uns in Depression und Resignation treiben, aus der wir nicht mehr herauskommen. Das ist eine Seite von Krisen, die man nicht schönreden sollte. Krisen können sich aber auch als eine Chance erweisen. Wir merken, dass sich etwas zugespitzt hat, es so nicht weitergehen kann.

Das aber trifft auch auf die Situation zu, in der sich die katholische Kirche augenblicklich befindet. Hier hat sich mit der Zeit so manches zugespitzt, das schon länger nicht mehr gestimmt hat und wo es jetzt höchste Zeit ist, endlich Konsequenzen daraus zu ziehen. Die Kirche befindet sich in einer handfesten Krise. Wie gehen wir in der Kirche damit um? Machen wir einfach so weiter wie bisher, quälen wir uns durch die Krise? Verfallen wir in Aktionismus angesichts der Krise? Resignieren wir? Oder betrachten wir die Situation als eine Chance, die wir nutzen wollen, auch, um endlich Neues, wirklich Neues, zu probieren? Wir können einfach weitermachen wie bisher, den Kopf in den Sand stecken. Wir können einfach aufgeben, resignieren oder aber uns herausfordern lassen durch die Situation.

Will die Kirche die Chance, die sich aus ihrer Krise ergibt, für sich nutzen, muss sie zunächst dazu stehen, dass sie sich in einer Krise befindet. „Was nicht angenommen ist, kann nicht geheilt werden", wusste schon Irenäus von Lyon.

So beginnt der Heilungsprozess zunächst einmal damit, sich zuzugestehen, dass wir uns in einer Krise befinden. Wir an einem Punkt angekommen sind, an dem es nicht weitergeht. Verena Kast beschreibt das sehr treffend in dem Bild von einem dunklen Schlauch, in dem wir uns befinden und nirgends einen Ausweg sehen. Das ist eine Situation, die wir verständlicherweise oft nur sehr schwer aushalten können und der wir möglichst schnell entrinnen möchten. Doch es bleibt uns nichts anderes übrig, als sie auszuhalten.

Denn wenn wir uns in einer Krise befinden und so tun, als sei das nicht der Fall, schleppen wir uns durch die Krise, versuchen uns durch Appelle, Durchhalteparolen, Aufputschmittel jeglicher Art aktiv zu halten. Dementsprechend ist auch unsere Ausstrahlung. Wir kommen lustlos, jammernd, resigniert daher. Wir machen „unser Ding", ziehen es durch. Von Freude, gar Begeisterung ist da nichts zu spüren.

Innehalten und sich eine Brachzeit gönnen

Oder wir suchen nach Fluchtwegen. Statt die schwierige Situation, auch die Unschlüssigkeit, die damit einhergeht, auszuhalten, ziehen wir es vor, in einen Aktionismus zu verfallen. Wir gönnen uns nicht die Zeit des Innehaltens und die Brachzeit, die wir brauchen, um wieder fruchtbar zu werden. Wir wollen uns nicht der ganzen Palette von Gefühlen aussetzen, die sich einstellen, wenn uns bewusst wird, von was wir uns verabschieden müssen, welche Verluste wir zu beklagen haben, was uns zugemutet wird. Diese Gefühle reichen von Fassungslosigkeit, Ärger und Wut bis hin zu Angst, Verzweiflung und Trauer.

Wenn wir uns in einer Krise befinden und an den toten Punkt gekommen sind, sollten wir das daher zunächst einmal als Einladung betrachten, für eine Weile innezuhalten. Wir gönnen uns eine Brachzeit, die oft die Voraussetzung dafür ist, dass wir wieder fruchtbar werden, dass der Boden für neue Ideen, die Energie für neue Unternehmungen sich regenerieren und bilden kann. Wir ruhen uns in dieser Zeit aus, schenken den Dingen, denen wir in der vergangenen Zeit wenig Aufmerksamkeit geschenkt haben, unser Interesse. Wir nehmen uns vor, tiefer zu graben, um neue Quellen zu erschließen. Sind offen dafür, uns überraschen zu lassen.

Auch ist das eine Zeit, in der wir Trauerarbeit leisten müssen. Es tut weh, sich von Vertrautem verabschieden zu müssen, so überfällig es vielleicht auch ist. Es tut weh, miterleben zu müssen, wie die Kirche immer mehr an Bedeutung verliert. Es stimmt einen traurig, keine Jugendlichen mehr in den Gottesdiensten anzutreffen, es ist frustrierend, feststellen zu müssen, dass trotz großer Anstrengungen und guter Ideen die Menschen, die man gerne ansprechen wollte, offensichtlich nicht erreicht werden. Darüber sollte man nicht einfach hinweggehen. Auch hat es nichts mit Wehleidigkeit zu tun, das zu bedauern und zu beklagen. Man sollte nur nicht darin hängenbleiben, aber genau deswegen ist es wichtig, die Trauer, das Bedauern, den Frust zunächst zuzulassen.

Dann betrachten wir die Krise als eine Chance, sehen in ihr vielleicht sogar einen Fingerzeig Gottes, dass sich etwas ändern muss. Aus der Krise kann uns dann ein Segen erwachsen. Gehen wir dagegen über die Krise einfach hinweg, machen wir uns etwas vor. Vor allem aber nutzen wir nicht die Chance, die in ihr liegt. Wir investieren Kräfte in Aktionen, die am Ende verpuffen, weil wir nur die Dekoration verändern, uns dabei manchmal recht viel einfallen lassen, doch am Schluss feststellen müssen: Was darunter ist, ist geblieben und wird es so lange bleiben, bis wir den Mut aufbringen, den Schnitt zu machen, die mitunter auch radikalen Konsequenzen zu ziehen, die wir ziehen müssen, so weh es tun mag, soll wirklich Neues entstehen können. Wir beherzigen, was Martin Luther sagt: „Ist's Gottes Werk, bleibt es besteh'n, ist's Menschen Werk, wird es vergeh'n".

Geht es uns um Gott oder um unsere Aufführung?

Stellen wir uns der Krise, kann uns das auch dazu führen, wenn wir bereit sind, uns ihr radikal zu stellen, dass sie uns zwingt, an die Wurzel zu gehen, was ja in dem Wort radikal, das von dem lateinischen Wort für Wurzel *radix* abgeleitet wird, anklingt. Wir müssen uns mit dem auseinandersetzen, worum es wirklich und eigentlich in der Kirche geht, und uns dabei auf eine schmerzhafte Wurzelbehandlung einlassen.

In seinem Bestseller „Ich bin dann mal weg" stellt Hape Kerkeling einen Vergleich zwischen Kirche und Kinosaal her. Er schreibt: „Gott ist der Film, und die Kirche ist das Kino, in dem der Film läuft." Wer behaupte, ein Film sei schlecht, beklagt laut Kerkeling oft nur die miese Qualität der Vorführung. „Die Leinwand hängt leider schief, ist verknittert, vergilbt und hat Löcher. Die Lautsprecher knistern, manchmal fallen sie ganz aus."

„Gott ist der Film und die Kirche ist das Kino." Geht es uns um Gott, kann die zum Teil triste Situation, die wir in der Kirche und in der Seelsorge vorfinden, dazu führen, dass wir zunächst traurig, manchmal auch verzweifelt sind, zwischendurch tatsächlich auch mal am liebsten die Flinte ins Korn werfen würden. Doch der Film läuft weiter. Mit und ohne uns. Gott lässt sich nicht ausknipsen. Oder? Wir machen doch die Existenz Gottes in unserer Welt nicht von Zahlen abhängig, von unserer Aufführung? Oder doch?

Ich glaube, das Grundproblem, das wir als Kirche haben, ist, dass wir selbst Gott erstickt haben. Das erinnert mich an Friedrich Nietzsche, der von einem Verrückten berichtet, der durch die Straßen rennt und schreit: „Ich suche Gott!" Die Menschen lachen über ihn und fragen: „Ist er denn verloren gegangen? Fürchtet er sich vor uns? Ist er ausgewandert?" Da richtet der Verrückte sich auf und ruft: „Wohin ist Gott? Ich will es euch sagen! Gott ist tot und wir haben ihn getötet – ihr und ich!" Dann schweigt er und zertrümmert die Straßenbeleuchtung.

Das wahre Licht vom falschen Licht unterscheiden

In der spirituellen Begleitung hilft mir manchmal die Vorstellung von dem, was man *ignis fatuus* nennt, was man mit falschem Feuer übersetzen könnte. Es ist der Stern, dem die Karawane in der Wüste folgt, um irgendwann festzustellen, dass sie einem falschen Stern aufgesessen ist, sich etwas vorgemacht hat. Dabei ist es zunächst gar nicht so einfach, zu erkennen, dass es sich um ein falsches Feuer handelt, weil es leuchtet, lodert und zumindest am Anfang wärmt.

Es gibt also auch ein Feuer, es gibt ein Licht, das falsch ist. Das sich als Schein, als eine Täuschung erweist. Es wird etwas vorgegeben, was gar nicht da ist. Man sitzt dann einer Scheinwelt auf. Könnte es sein, dass uns in der Kirche oft ein Licht vorgegaukelt wurde oder auch noch vorgegaukelt wird, das in Wirklichkeit gar nicht leuchtet? Von dem wir uns haben blenden lassen und es höchste Zeit war oder höchste Zeit wird, dass *dieses* Licht ausgeht?

Gott verdunstet nicht

Der Letzte aber, der *das* Licht, das wahre Licht, das wirklich leuchtet, ausmacht, ausmachen würde, ist *der*, der das Licht selbst ist, in dessen Licht wir das Licht (erst) sehen. Vielleicht musste und muss in der Kirche das Licht ausgehen, weil es das eigentliche Licht verfinsterte und verfinstert. *Das* Licht ist weder in der Kirche noch in der Seelsorge ausgegangen und wird dort auch nicht ausgehen. Das Licht, das ausgegangen ist und ausgehen musste, kann uns jetzt nicht länger blenden, so dass wir das eigentliche Licht sehen: Gott.

Von Pierre Teilhard de Chardin wird erzählt, dass seine Mutter, als er fünf Jahre alt war, seine Locken abschnitt und sie verbrannte. Zunächst schaute der kleine Pierre voller Faszination auf jede Locke, wie sie innerhalb weniger Sekunden zu Asche verbrannte. Dann fing er plötzlich an zu weinen und lief aus dem Zimmer. Einige Tage später begann er Eisenstücke zu sammeln, da sie nicht verbrennen konnten und dem Feuer widerstehen konnten. Später, als er feststellte, dass Eisen rosten kann, verzichtete er auf seine Eisensammlung und begann stattdessen Steine zu sammeln. Für ihn waren sie unzerstörbar. Als Erwachsener versuchte Pierre Teilhard de Chardin ewige Wahrheiten zu finden, die unzerstörbar waren.

Auch wenn wir unseren Glauben in irdenen Gefäßen tragen und er zerbrechlich ist – *der*, an den wir glauben, ist es nicht. Ich halte von daher auch die Rede von der Gottesverdunstung für problematisch. Sie erweckt den Eindruck, Gott könnte verdunsten, wo es doch eigentlich darum geht, dass unsere Vorstellung von Gott, unsere Weise, über ihn zu denken, von ihm zu reden, ihn irgendwie einzufangen, zu fassen, sich auflöst. Vielleicht ist es genau das, was die Voraussetzung dafür ist, ihn wieder zu entdecken unter all dem, womit wir ihn entstellt und den Zugang zu ihm erschwert haben.

Gott können wir entdecken, wenn wir uns von manchen Bildern und Vorstellungen, wie Gott und wo er zu sein hat, freimachen. Dabei kann uns auch ein Verständnis von Atheismus helfen, das Atheismus nicht gleichsetzt mit Gottlosigkeit im Sinne einer Ablehnung Gottes. Er kann auch als Ablehnung einer bestimmten Art des Theismus, also einer bestimmten Vorstellung von Gott, verstanden werden. Tatsächlich gibt es ja auch Formen von Theismus, die den Menschen „auf dem Weg zu jenem Geheimnis, das wir Gott nennen, eher im Wege stehen als helfen" (Grün, Hajik, Nonhoff 2016,18). Die Krise in der Kirche kann uns helfen, uns von solchen Bildern und Vorstellungen zu verabschieden und Gott für uns neu zu entdecken.

3. Kapitel
„Denn bei dir ist die Quelle des Lebens, und in deinem Licht sehen wir das Licht" (Psalm 36,10)

Wir sind aufgewacht

Nehmen wir uns diese Zeit des Nachdenkens, gönnen wir uns eine Brachzeit, kommt irgendwann der Moment, da wir wieder aufstehen und weitergehen. Aber als andere. Als solche, die innerlich aufgewacht sind, denen etwas klarer geworden ist, die aus der Krise etwas gelernt haben. Die, ausgelöst durch die Krise in dieser Brachzeit und Trauerzeit, auch wieder mehr mit dem in Berührung gekommen sind, worum es in der Kirche eigentlich und wirklich geht.

Entscheidend ist, ob wir Gott hereinlassen in unsere Kirche. Die Krise, in der wir uns befinden, kann sich als Chance erweisen, wenn wir dadurch wachgerüttelt werden und feststellen, dass wir andere oder anderes – klerikales Gehabe, Ansehen, Erfolg – statt Gott hereingelassen oder zum Maßstab gemacht haben.

Wir haben gesehen, wohin es führen kann, wenn wir uns zu sehr von den äußeren Dingen beeindrucken lassen. Wir durchschauen, dass ein bestimmtes Denken und System, klerikales Denken und Klerikalismus, den Blick auf den, um den es geht, Gott, verdecken können. Sie werden unseren Blick nicht mehr trüben, jetzt, wo uns die Augen geöffnet worden sind und wir endlich – wieder – *den* sehen, um *den* es wirklich geht.

Wir haben eine Erfahrung gemacht, die uns verwandelt hat, weil sie uns in die Tiefe geführt hat und wir dadurch in der Lage sind, die Dinge wesentlicher und nicht länger nur oder vornehmlich von außen her zu beurteilen und zu betrachten. Wenn wir diese neue, vertiefte Sicht berücksichtigen bei der Frage, wie es weitergehen soll mit der Kirche, können wir uns nicht mehr damit zufriedengeben, das Alte, unter einem neuen Namen oder mit neuen Kleidern versehen, als das Neue zu verkaufen. Wir müssen grundsätzlicher nachdenken, Bisheriges hinterfragen und wirklich Neuem, auch dem, was uns wichtig ist, eine Chance geben.

Sich auf Schatzsuche machen

Wir beklagen nicht länger, dass das Licht, das sich zum Teil als falsches Licht erwiesen hat, ausgegangen ist. Wir jammern nicht länger darüber, was wir auch an Wertvollem, was uns in der Kirche oder in der Seelsorge wichtig und für uns erfüllend war, verloren haben, so wichtig es auch ist und war, sich dafür Zeit zu nehmen. Wir blicken nach vorne.

Wir hören auf, uns auf Fehlersuche zu machen, herauszufinden, wer an was schuld ist, so wichtig es sein kann, sich für eine Weile damit zu beschäftigen.

Jetzt richten wir unseren Blick auf das Licht, das das wahre Licht ist, Gott. „Send aus dein Licht und deine Treue, sie sollen mich führen", heißt es in Psalm 42,3. Von diesem Licht, das das wahre Licht ist, lassen wir uns anziehen, aus dem Sumpf herausziehen, dafür motivieren, dass wir wieder in Bewegung kommen und nach vorne gehen können. Das aber ist entscheidend, wollen wir nicht in der Krise hängenbleiben, sondern gestärkt aus der Krise hervorgehen. Wir verändern die Blickrichtung. Wir blicken nach vorne, schauen darauf, über welche Ressourcen wir verfügen, gehen auf Schatzsuche und besinnen uns dabei auf das Psalmwort: „Denn bei dir ist die Quelle des Lebens, und in deinem Licht sehen wir das Licht" (Psalm 36,10). Wir schenken dem unsere Aufmerksamkeit, verwenden die uns zur Verfügung stehende Kraft für das, was uns wieder näher an das wahre Licht bringt.

Dabei müssen wir auch mit Kräften in uns rechnen, die versuchen, uns wieder hinunterzuziehen. Wir dürfen die Macht dieser Kräfte nicht unterschätzen, dürfen uns ihnen aber nicht ergeben. Wir wissen, wie es schon Kohelet im Alten Testament uns zuruft, dass es eine Zeit zum Weinen gibt, und lassen diese Zeit der Tränen auch zu. Aber wir verharren dort nicht für immer. Wir bleiben in Blickkontakt mit dem wahren Licht, überlassen uns dem Sog, der von dort ausgeht. Die Kraft, die von dort ausgeht, hilft mir, mich aus dem Sumpf zu ziehen. Mit ihr gelingt es mir, in dieser schwierigen Situation nach vorne zu gehen.

Es ist eine Kraft, eine Art Stehaufkompetenz, wie wir sie vom Stehaufmännchen kennen, die sich darin zeigt, in Belastungssituationen des Lebens in die Knie gehen zu können, ohne dabei zu zerbrechen, sondern sich immer wieder aufrichten zu können (vgl. Brigitte Dorst). Wir gehen – Blickkontakt haltend mit dem wahren Licht, der eigentlichen Quelle des Lebens, in dessen Licht wir das Licht sehen, das, worum es eigentlich geht – der schwierigen Situation nicht aus dem Weg, sondern betrachten sie als eine Herausforderung, der wir uns stellen wollen.

Offen sein für Neues

Wir sind in der Lage, angesichts von schwierigen Situationen die in ihnen vorhandenen Kräfte zu mobilisieren und sie für die Bewältigung eines Problems nutzen zu können, weil und solange wir elastisch und flexibel sind. Elastisch bleiben meint dabei nicht, sich mit Wischiwaschi-Lösungen zu begnügen. Es meint vielmehr, bei schwierigen, uns herausfordernden Situationen nicht in Lähmung zu verfallen, sondern auf eine Weise zu reagieren und auf die Situation einzuwirken, bei der wir uns die Initiative nicht aus der Hand nehmen lassen und das unterstützen, was uns weiterführt.

Wir hadern nicht ewig mit unserer Situation, bleiben nicht in unserem Frust hängen, sondern sind bereit, die Situation und die damit verbundenen Gefühle anzunehmen. Wir stehen wieder auf, bleiben nicht dauerhaft krank, zerbrechen nicht an den Widrigkeiten, die uns das Leben schwer machen. Wir sehen uns auch irgendwann nicht länger als Opfer, die zur Passivität verurteilt sind, sondern kommen aus der Opferrolle heraus, um die Dinge, die angegangen werden müssen, anzugehen. Weiter gestehen wir uns zu, dass wir Fehler machen dürfen und verwundbar sind.

Wir sind offen für Neues, vor allem auch für neue Erfahrungen, klammern uns also nicht an Gewohnheiten, an theoretische Konzepte, wie etwas zu sein oder zu funktionieren habe. Wir gehen dann davon aus, dass Änderungen zum Leben an sich und somit auch zu unserem Leben gehören. Dabei gestehen wir uns auch zu, dass manche Ziele, die für uns einst wichtig waren, aufgrund der Veränderungen und der vorgegebenen Strukturen nicht oder nicht mehr erreichbar sind.

Schließlich hoffen und vertrauen wir mit dem Blick auf das wahre Licht, dass wir Wege finden, unsere Probleme zu lösen. Wir trauen uns etwas zu, ohne uns dabei zu überschätzen. Wir wissen, dass uns der Himmel auf Erden nicht versprochen worden ist und zum Leben auch gehört, etwas Unangenehmes aushalten zu können. Wir bewahren uns aber bei alledem eine optimistische Haltung, richten den Blick vor allem darauf, was wir erreichen wollen, und nicht, wovor wir Angst haben. Wir richten den Blick auf das wahre Licht im Vertrauen darauf, dass es uns auf unserem Weg leuchten wird.

Wenn wir den Blick auf das wahre Licht richten, geht uns der Humor nicht aus. Wir begegnen schwierigen Situationen dann manchmal auch mit einem Schuss Humor, nehmen nicht alles so tierisch ernst. Das kann dazu beitragen, dass wir innerlich etwas Abstand zu dem gewinnen, was uns zunächst als schwierig oder unlösbar erscheint. Wir auch mit manchem spielerischer umgehen könnten.

Gelassen sein

Wir nehmen Umstände, die nicht zu ändern sind, an, versuchen herauszufinden und zu erkennen, wo es sich lohnt, etwas zu verändern, und wo es besser ist, die Ressourcen für etwas anderes zu verwenden. Wir lassen uns vom Gelassenheitsgebet inspirieren, in dem es heißt: „Gott, gib mir die Gnade der Gelassenheit, Dinge hinzunehmen, die ich nicht ändern kann, den Mut, Dinge zu ändern, die ich ändern kann, und die Weisheit, das eine vom anderen zu unterscheiden." Wir richten den Blick darauf, was wir erreichen können, und vergessen nicht, was uns in vergangenen schwierigen Situationen weitergeholfen hat. Wir vertrauen darauf, dass es mit der Zeit auch wieder anders sein kann. Dann wieder gibt es Situationen, in denen uns nichts anderes übrig bleibt, als die Verrücktheit der Situation zu umarmen, wollen wir verhindern, selbst verrückt zu werden.

Mit Blick auf die Kirche werden wir bei einer gelassenen Einstellung akzeptieren, dass manches sich einfach von selbst erledigen, sterben wird, weil es sich überlebt hat oder sich als nicht länger lebensfähig erweist. Es fällt durch das Sieb, das darüber entscheidet, was weiterhin Gültigkeit besitzt. Das kann mit einer Krise einhergehen, heißt das doch, sich von etwas zu trennen, was uns bisher viel bedeutet hat. Aber das ist der Lauf der Dinge. Es bleibt uns nichts anderes übrig, als das zu akzeptieren und uns nicht bis zum Nimmerleinstag dagegen aufzulehnen. Wir können darauf vertrauen, dass, wenn es wichtig ist, wenn das, wofür es steht, zeitlos ist, das, um was es geht, auf eine andere Weise wieder auferstehen wird. Ist es aber nicht länger von Bedeutung, darf es auch vergehen.

Hier müsste man manchmal noch einmal genauer hinschauen, ob nicht so manches, was wir mit Vehemenz versuchen aufrechtzuerhalten, einfach nicht nur out ist, sondern einfach keine Bedeutung mehr hat; die Tatsache, dass Menschen sich nicht länger dafür interessieren, nicht darauf zurückzuführen ist, dass sie abgestumpft sind, sie zum Beispiel nicht länger sensibel und empfänglich sind für religiöse Belange. Statt zu beklagen, dass sie die Dinge nicht so sehen, wie wir meinen, dass sie zu sehen und zu bewerten sind, sollten wir uns von ihnen herausfordern lassen, uns zu hinterfragen und uns der Frage zu stellen, ob möglicherweise wir Korrekturen vornehmen müssten.

Gelassenheit kann sich auch einstellen, wenn wir mit Blick auf den Rhythmus, den wir in den unterschiedlichen Jahreszeiten der Natur entdecken, annehmen können, dass neues Wachsen Sterben voraussetzt. Erneuerung manchmal auch wie von selbst geschieht und es von unserer Seite her verlangt, uns zurückzuhalten, damit wird, was werden soll. „Für jeden aber ist die Lebenszeit, die ihm zugemessen ist, der kurze Augenblick, in dem wird, was sein soll", sagt Karl Rahner in seinem letzten Vortrag. Manchmal bedarf es der Ausdauer, des Durchhaltevermögens im Vertrauen darauf, dass wird, was sein soll, auch wenn das nicht unbedingt das ist, was wir meinen, dass sein soll. Und auch folgende Einstellung kann zu unserer Gelassenheit beitragen: „Was als Ideal begann und dann verflachte, geht weiter" (Friedrich Hölderlin).

Schließlich kann Gelassenheit uns helfen, uns nicht unter Druck zu setzen, jeden Tag eine neue Sau durchs Dorf jagen zu müssen, das Zukunftsunternehmen schlechthin zu werden, so wenig dafür im Moment die Gefahr besteht. Und auch wenn es verständlich ist, dass Jugendliche, wie es in der Shell-Jugendstudie (2010) heißt, mit Kirche „nicht scheiße aussehen" wollen, sollte die Kirche sich deswegen nicht anbiedern. Weiter glaube ich nicht, dass die Kirche an ihrer Sprache verreckt, wie das Erik Flügge in seinem lesenswerten Buch behauptet, sondern man ihren Worten, unter denen oft das Wort Liebe vorkommt, nicht glaubt, und das oft mit Recht, weil von einer konkreten, verbindlichen, nachhaltigen Liebe oft wenig zu spüren ist.

Du bist mehr als deine Krise

Wir setzen uns nicht gleich mit dem Verlust, sondern erinnern uns mit Blick auf das wahre Licht, was uns geblieben ist. Als Psychotherapeut begegne ich immer wieder Personen, die auf Krisen mit Panik reagieren, die glauben, jetzt sei alles zu Ende. Man meint, das ganze Leben stehe auf dem Spiel, doch es sind oft lediglich durchaus wichtige, aber nicht existentielle Ausprägungen unseres Lebens, die uns viel, gar alles bedeuteten und die jetzt nicht mehr für uns zur Verfügung stehen.

Vorstellungen von Kirche und Seelsorge, die uns eine lange Zeit geprägt haben, erweisen sich als nicht länger haltbar. Um mich herum bricht vieles von dem, für das ich mich eingesetzt, mein Herzblut gegeben habe, ein, mein Tun erscheint mir zunehmend als sinnlos. Diese (wie gesagt) durchaus wichtigen Seiten unseres Lebens werden mit der gleichen Intensität verteidigt wie unser Kern: dass wir leben, atmen, sind – und vor allem, dass es Gott weiterhin gibt.

Solange wir, wenn eine wichtige Beziehung in die Brüche gegangen ist, glauben: ‚Ich *bin* meine Beziehung‘, oder: „Ich *bin* der erfolgreiche Seelsorger“, wenn wir das Gefühl haben, als Seelsorger zu scheitern, geraten wir in der Tat in Teufels Küche. Dann ist da nichts mehr da, wenn die Beziehung zu Ende geht, der Erfolg als Seelsorger ausbleibt. In einer solchen Situation möchte ich dagegenhalten: „Nein, du *bist* nicht deine Beziehung. Du *bist* nicht der erfolgreiche Seelsorger. Du bist *mehr als* deine Beziehung, du bist *mehr als* der erfolgreiche Seelsorger.“ Deine Beziehung oder ein erfolgreicher Seelsorger zu sein ist wichtig. Aber sie sind nicht du. Du bist mehr als sie. Sie können verschwinden, und du wirst immer noch existieren (Yalom 2005, 198).

Daraus kann uns Zuversicht und Trost erwachsen. Wir können mit der Zeit unabhängig von dem, was wir haben, das, was wir sind, wieder neu würdigen und darauf aufbauend schauen, was uns bei allem Verlust geblieben ist und welche neuen Möglichkeiten sich für uns, die es ja nach wie vor gibt, ergeben. Wir sehen nicht länger die Beziehung, die bisherige Praxis von anscheinend erfolgreicher Seelsorge als einzig gültigen Sinn, sondern sind offen dafür, auch in anderen Beziehungen, in anderen Formen von Seelsorge einen Sinn zu finden und Wertvolles für uns zu entdecken.

II. TEIL

4. Kapitel
Lust auf morgen –
eine Ermutigung wider die Angst

Die ängstliche Atmosphäre in der Kirche
ist nicht die Atmosphäre des Evangeliums

„Ich kann nicht zulassen, dass die abgeschlossene oder ängstliche Atmosphäre, die man im Augenblick in der Kirche atmet, die des Evangeliums sein soll", schrieb der Jesuit Pierre Teilhard de Chardin vor über 60 Jahren. Das gilt für heute nicht weniger. Vor allem unter den Päpsten Johannes Paul II. und Benedikt XVI. herrschte in der katholischen Kirche eine Atmosphäre der Angst. Das führte vielfach dazu, dass Theologen und Theologinnen, deren Lehrerlaubnis von der Zustimmung der Kirche abhing, sich nicht getrauten, das zu sagen und schreiben, was sie dachten, von dem sie überzeugt waren, wenn es in irgendeiner Weise nicht in Einklang zu bringen war mit dem, was die Kirche lehrte.

Früher wurde man dafür verbrannt, jetzt mit einem Schweigegebot oder Redeverbot belegt, dem Entzug der *venia legendi*, der Erlaubnis, eine Lehrtätigkeit auszuüben, bestraft oder damit, dass man die Lehrerlaubnis noch nicht einmal erhielt. Kirchliche Mitarbeiter, die nicht Priester oder Diakone waren, die sich nicht an das Predigtverbot hielten, mussten – und müssen zum Teil heute noch – mit Sanktionen rechnen. Das gilt auch für Priester und die anderen kirchlichen Mitarbeiter und Mitarbeiterinnen, die einen Lebensstil praktizieren, der kirchlichen Vorschriften nicht entspricht.

Mit Papst Franziskus hat diese Form von Angst in der Kirche nachgelassen, aber nicht aufgehört. Es gibt weiterhin die Angst, dafür bestraft zu werden, wenn jemand es wagt, den Mund aufzumachen und zu sagen, was Sache ist, usw. Damit einher geht die Angst, sich auf neue Wege in der Pastoral einzulassen. Es ist die Angst, dabei auf Widerstände von oben oder auch bei der Gemeinde zu treffen; die Angst, die Tradition zu verraten, wenn etwas, das es anscheinend schon immer gab, verändert oder aufgegeben werden muss; die Angst, zu scheitern, keinen Erfolg zu haben, wenn Neues ausprobiert wird; die Angst, zu Außenseitern erklärt und entsprechend behandelt zu werden, wenn man vom Mainstream ausschert und sich etwas Eigenes einfallen lässt; die Angst, gleich wieder zurückgepfiffen zu werden, wenn man etwas Neues wagt anzugehen.

Das sind nur einige Beispiele, die aufzeigen, wann sich innerkirchlich wo Angst breitmachen kann, wenn es darum geht, etwas Neues auszuprobieren, die harte Kruste, die sich mit den Jahren, ja Jahrhunderten um die Kirche gebildet hat, zu durchbrechen. Dazu kommt die Angst, wie es weitergeht mit der Kirche, ja, ob es überhaupt weitergeht; und versucht man sich vorzustellen, wie die Zukunft unserer Seelsorge und unserer Kirche aussieht, dann kann einem das ja auch tatsächlich ganz schön Angst machen.

Die einen verfallen angesichts solcher Ängste in Fatalismus, Zynismus oder Lethargie. Andere konzentrieren sich darauf, das Bestehende zu bewahren und zu sichern, wie jener Finanzverantwortliche einer Diözese, der davon ausgeht, dass in 20 Jahren die Seelsorge und die Kirche überhaupt sowieso den Bach hinuntergegangen sind und er jetzt seine einzige Aufgabe darin sieht, das Geld der Kirche so anzulegen, dass die wenigen, die dann noch übrig sind, wenigstens gut versorgt werden. Die Angst führt in diesem Fall dazu, den Besitzstand zu sichern und ja nichts, um Gottes willen ja nichts zu verändern, auch wenn man sich in dem Zustand, in dem man sich befindet, nicht wohlfühlt. Da kommt keine Freude auf. Da wird die Kirche bei lebendigem Leib, so wenig lebendig sie auch noch sein mag, begraben.

Der Angst ins Gesicht sehen

Wir dürfen uns nicht von der Angst ins Bockshorn jagen lassen, sondern müssen der Angst ins Gesicht sehen. Im *Märchen von einem, der auszog, das Fürchten zu lernen*, wird von zwei Söhnen erzählt, von denen der ältere klug und gescheit, der jüngere dumm war. Wenn abends beim Feuer Geschichten erzählt wurden, wobei einem die Haut schauderte, sprachen die Zuhörer manchmal: „Ach, es gruselt mir!" Der Jüngste saß in einer Ecke, hörte das mit an und konnte nicht begreifen, was das heißen sollte. „Immer sagen sie, es gruselt mir! Es gruselt mir! Mir gruselt's nicht: Das wird wohl eine Kunst sein, von der ich nichts verstehe."

Die Fähigkeit, Angst empfinden zu können, ist für unser Überleben notwendig, vergleichbar der Schmerzreaktion. Angst macht uns auf eine Gefahr aufmerksam. Sie warnt uns, hält uns von Vorhaben ab, die bedrohlich für uns sein können. Angst kann auf der anderen Seite für uns gefährlich werden, wenn sie überbordet, nicht länger angemessen in unseren psychischen Haushalt integriert ist. Dann geraten wir in Panik. Beides ist daher wichtig: Angst empfinden zu können, auch um sie als ein notwendiges Warn-system nutzen zu können, zugleich aber auch nicht in der Angst zu versinken. Wer gelernt hat, sich nach Gebühr zu ängstigen, der hat das Höchste gelernt, meint denn auch Sören Kierkegaard.

Der rechte Umgang mit Angst wird uns nicht in den Schoß gelegt. Wir müssen ihn durch die Erfahrungen in unserem Leben lernen, um dabei – hoffentlich – zumin-dest mit der Zeit die Erfahrung zu machen, dass wir stär-ker sind als die Angst. „Das Kind lernt gehen und kommt schließlich in die Schule, der Erwachsene heiratet und übernimmt einen neuen Job. Solche Möglichkeiten gehen einher mit Angst, wie Wege, die vor einem liegen und die man nicht kennen kann, solange man sie nicht gegangen ist und erfahren hat" (Rollo May).

Wir haben Angst, weil wir etwas schaffen können

Wir haben also auch Angst, weil es möglich ist, etwas zu schaffen (vgl. Sören Kierkegaard). Es ist die Angst, die sich einstellen kann, wenn wir etwas Neues wagen, Schritte unternehmen müssen, von denen wir nicht hundertpro-zentig wissen, wohin sie uns letztlich führen werden. Die-se Angst kann uns lähmen, so dass wir vor ihr zu Kreuze kriechen. Sie kann uns aber auch, wenn wir sie als Her-ausforderung sehen, antreiben, Leben zu wagen. Wollen wir bereit und fähig sein für Innovationen, dürfen wir uns von dieser Angst, etwas schaffen zu können, nicht abhal-ten lassen, uns auf neues Terrain zu wagen.

Wie sehr uns diese Angst beeinträchtigen kann, beschreibt sehr anschaulich Mathias Jung (2004, 107) anhand folgender Geschichte: Ein Mann sitzt im Bummelzug. Bei jeder Station steckt er den Kopf zum Fenster hinaus, liest den Ortsnamen und stöhnt. Nach einigen Stationen fragt ihn sein Gegenüber besorgt: „Tut Ihnen etwas weh? Was ist los?" Da antwortet der Mann: „Eigentlich müsste ich aussteigen. Ich fahre dauernd in die falsche Richtung. Aber hier drin ist es so schön warm."

So lange wie nur möglich möchten wir in der Komfortzone verbleiben, die uns anscheinend vor dem seelischen Schmerz, der Erfahrung von Unsicherheit bewahrt, der damit einhergeht, wenn wir Vertrautes verlassen und uns auf ein zunächst unsicheres, nicht abgesichertes Gebiet wagen. Wir bilden uns ein, dass die Komfortzone unserem Leben Sicherheit gibt, „dabei engt sie es in Wirklichkeit ein" (vgl. Stutz & Michels).

Wie recht doch der Lehrer, Arzt und Schriftsteller Oliver Wendell Holmes hat, der im 19. Jahrhundert lebte, wenn er schreibt: „Wie schade ist es um Menschen, die nie singen und ihr Lied mit ins Grab nehmen." Es sind die Menschen, die vor der Angst, ihr Leben schaffen zu können, davonlaufen, die sterben, ohne ihr Lied gesungen zu haben. Das Schlimme daran ist, dass wir selbst schuld daran sind – *wir bringen uns selbst zum Schweigen*" (vgl. Stutz & Michels 2012).

Sich von der Angst zum Leben antreiben lassen

Wollen wir aber unser Lied nicht mit ins Grab nehmen, wollen wir uns die Lust am Morgen nicht nehmen lassen, müssen wir es mit der Angst aufnehmen und uns von ihr zum Leben antreiben lassen. Wir können in schwierigen

Situationen unseres Lebens, wenn es eng wird oder wir nicht genau wissen, wie es weitergeht, vor der Angst kapitulieren oder aber es mit der Angst aufnehmen. Wollen wir, dass es spannend bleibt, unser Leben nicht nur in ruhigem Fahrwasser verläuft, sondern bis zum Schluss ein Abenteuer bleibt, werden wir es ein Leben lang mit unserer Angst aufnehmen, uns mit ihr messen müssen. Dieses Abenteuer beginnt schon zu Beginn unseres Lebens, wenn wir uns anschicken, die Sicherheit des Mutterschoßes zu verlassen, und dafür gegen alle Angst mit instinkthaftem Vertrauen die Enge des Geburtskanals überwinden müssen. Solche Engpässe müssen wir bis zum Ende unseres Lebens durchschreiten – gegen alle Angst.

Wenn wir es mit der Angst aufnehmen, nicht in ihr versinken, dann erweist sich unsere Angst als ein Motor, der uns in Bewegung setzt und uns nach vorne gehen lässt. Wir bleiben nicht passiv, sondern schaffen etwas, sind kreativ, schöpfen unser Potenzial aus. Die Angst fordert dann uns, unseren Willen, unseren eigentlichen Lenker und Kapitän, heraus. Wir nehmen die Herausforderung an und zeigen der Angst, dass unser Wille stärker ist als sie. Wir schätzen die Alarmfunktion der Angst, wenn sie uns auf eine Gefahr hinweisen will. Aber wir treten der Angst nicht die Verantwortung dafür ab, wie es in unserem Leben, wie es in schwierigen Situationen unseres Lebens weitergeht. Das englische Wort für Verantwortung, *responsibility,* setzt sich aus den Worten *response* und *ability* zusammen, meint also die Fähigkeit, zu antworten, zu reagieren. Diese Fähigkeit, auch in schwierigen Situationen zu entscheiden, wie es weitergeht, lassen wir uns durch die Angst nicht aus der Hand nehmen.

Wir gehen durch die Angst hindurch, nehmen es mit ihr auf, sind am Ende stärker als sie. Das ist Teil unseres Wachs-

tumsprozesses. Wir müssen immer wieder durch Engpässe hindurch, uns der Angst, die damit einhergeht, aussetzen, um dann, sind wir durchgegangen, die Erfahrung zu
machen, dass es sich gelohnt hat, dass wir weitergekom-
men sind, Neues in unserem Leben möglich wird. Je
bedrückender die Beängstigung, desto strahlender kann
das überraschend Neue sein, das daraus hervorgeht
(vgl. Steindl-Rast).

5. Kapitel
Ein Glaube, der uns vertrauensvoll über das Wasser gehen lässt

„Nun sag', wie hast du's mit der Religion?"

Ob wir Lust auf Neues haben, ob wir, wenn wir den toten Punkt erreicht haben, bereit sind, Mauern zu überspringen, oder einfach stehenbleiben, hängt auch entscheidend von unserem Glauben ab. Angesichts der Angst und Unsicherheit, die sich einstellen mit Blick auf die Zukunft der Kirche, bedarf es eines Glaubens, der die Wirklichkeit nicht ausblendet, sich aber von der Angst nicht abhalten lässt, nach vorne zu schauen und Neues zu wagen. Die Frage von Gretchen an Faust „Nun sag', wie hast du's mit der Religion?" richtet sich in dieser Situation an uns. Ist es ein Glaube, der unsere Angst befördert, oder ein Glaube, der uns ermutigt, durch die Angst hindurchzugehen.

Glauben meint nicht Sicherheit. „Glauben meint nicht, sich auf Pfeiler von Sicherheiten stützen zu können, sondern in die Wolke des Geheimnisses einzutreten und die Herausforderung anzunehmen: Tauche tief ein!", schreibt Bruder David Steindl-Rast. Und weiter: „Glauben im vollen Sinne ist radikales Vertrauen – Lebensvertrauen und so Gottesvertrauen, also mehr als ein Für-wahr-Halten. Glauben ist nicht der Eisenbahnzug, in den man nur einsteigen muss, dann bringt er uns schon ans Ziel. Im Glauben voranschreiten heißt, vertrauensvoll auf dem Wasser laufen. Das Glaubensleben ist immer neu eine Vertrauensprobe" (vgl. Steindl-Rast 2016,79).

„Die Angst lässt uns Götter erschaffen"

„Timor facit deos", die Angst lässt uns Götter erschaffen, schreibt der römische Dichter Lucrez. Die Sehnsucht nach einem allmächtigen Vater, der es für uns richtet, der uns Sicherheit verschafft, kann auch aus der Angst heraus geboren werden. Mit Hilfe einer höheren Macht durch die Angst hindurchzugehen ist das eine. Sich hinter einer höheren Macht zu verschanzen ist das andere. Im letzteren Fall lassen wir das eigene Potenzial, das uns eigentlich zur Verfügung steht, um die Angst bewältigen zu können, ja uns von dieser Angst anstacheln zu lassen, weiterzugehen, brachliegen.

Das betrifft auch unsere Glaubenspraxis, etwa die Rituale, die wir pflegen. Die Pflege von Ritualen kann heilsam sein. Diese können dazu beitragen, uns mit unserer Seele, dem Göttlichen, in Verbindung zu bringen. Sie können so eine nonverbale Sprache sein, mit der wir die Regungen unserer Seele auszudrücken versuchen. Sie wollen in unsere Tiefe führen, sie wollen uns weiten, indem sie uns mit dem Grenzenlosen in Verbindung bringen. So gesehen, können sie auch dazu beitragen, die Enge der Angst zu durchbrechen. Das aber setzt voraus, dass wir sie in Freiheit ausüben und ihnen auch keine magische Bedeutung beimessen.

Werden die Rituale zu Zwangsritualen, sperren sie uns ein, machen sie unsere Welt eng, lassen sie uns mit unserer Angst zurück, die sie festhalten, indem sie sie auf eine ungesunde Weise zu verdrängen und zu sublimieren versuchen. Unser Glaube und seine Praxis werden dann auf das Verhalten einer zwangsneurotischen Person reduziert. So sieht das jedenfalls Sigmund Freud, der die Zeremonien der Zwangsneurotiker mit bestimmten religiösen Verrichtungen vergleicht (vgl. Josef Rattner). In beiden Fällen – der Verhaltensanomalie des Zwangsneurotikers und „den geheiligten Formen des religiösen Lebens" – wird nach Freud die Lebensangst verkleinert. Allerdings auf eine Weise, die unser persönliches und da auch spirituelles Wachsen blockiert und die in der Angst steckende Dynamik, die uns herausfordert, uns ins Leben hineinzuwerfen, verpuffen lässt.

Glaube aber ist das immer wieder neu gelebte Vertrauen aufs Leben. „Religion gibt uns Sicherheit, indem sie uns den Weg weist, immer wieder dem Leben zu vertrauen" (Steindl-Rast 2016, 85). Er „ist das immer wieder neu gelebte Vertrauen aufs Leben. Jeden Augenblick neu, weil sich das Leben auch jeden Augenblick verändert" (84). Insofern ist der Glaube das Gegenteil einer Versicherung. „Er ist eine ständige Verunsicherung, ohne die wir kein Vertrauen bräuchten. Im Vertrauen weiß ich mich gesichert, obwohl ich mich verunsichert fühle. Je mehr man verunsichert ist, desto mehr Vertrauen braucht man, um sich doch gesichert zu fühlen" (85).

Ob wir entspannt auf die Zukunft zugehen können, wir Lust haben auf morgen, hat also sehr viel mit unserem Glauben zu tun. Ist unser Glaube von dieser Art, dass wir den Mut haben, vertrauensvoll auf dem Wasser zu laufen? Er uns dabei unterstützt, Unsicherheiten auszuhalten und uns einem ständigen Wandel auszusetzen? Oder ist unser Glaube von der Art, dass er vornehmlich dafür da ist, unsere Angst zu lindern, sie kleinzuhalten, uns kleinzuhalten, verzagt zurückzulassen?

Wenn Angst uns besetzt, ist für Innovation kein Platz

Innovation kann geschehen, wenn Angst uns nicht voll in Beschlag nimmt und lähmt. Wenn Angst uns beherrscht, sind wir besetzt, herrscht in uns eine Enge, die für Inspirationen keinen Raum zulässt. Die Quellen in uns, die sprudeln können müssen, damit neue Ideen in uns entstehen könnten, sind dann verstopft. Die Kanäle in uns, die frei und breit sein müssen, damit ein richtiger Strom schwungvoll seine Bahn brechen kann, um uns zu inspirieren und mit Leben zu erfüllen, lassen, wenn Angst uns eng macht, allenfalls zu, dass ein armseliges Rinnsal sich durch diese Kanäle quält.

Wir sind dann abgeschnitten von Quellen, die uns inspirieren, beleben könnten. Inneren und äußeren Quellen. Darum geht es ja aber bei Innovationen: sich von etwas inspirieren zu lassen. Zum einen von unserer Seele, dann aber auch von Anregungen, von dem, was andere sich ausgedacht haben. Schließlich aber auch von dem, was nach unserem Verständnis der Heilige Geist ist. Auch der hat wenige Chancen, uns zu inspirieren, seinen Geist in uns auszubreiten, wenn Angst uns besetzt. Wir verhindern mit unserer Angst, dass der Heilige Geist aktiv werden kann, den wir gerade dann, wenn es darum geht, etwas ganz Neues, Frisches, Ungewohntes zu finden, zuzulassen und auszuprobieren, so nötig hätten. Etwas zu erneuern, die Kirche zu erneuern. Und um Erneuerung geht es. Das meint ja das Wort Innovation, das von dem lateinischen Verb *innovare, erneuern,* abgeleitet wird.

Wenn es nicht weitergeht, muss ich schauen, was mir hilft, wieder in Bewegung zu kommen, dass es wieder fließt. Das geschieht zum Beispiel, wenn wir spielerisch mit Gegensätzen umgehen. Meine Sichtweise weitet sich, ich bleibe dran, bin engagiert, lasse Neues zu, entdecke neu, was ich vielleicht vorschnell für unmöglich erachtet habe. Im anderen Fall geht es nicht weiter, bleibe ich hängen. Ich steige aus, verliere das Interesse, bin nicht bereit, die Wirklichkeit als solche zu akzeptieren.

Wenn ich mich nicht länger von dem, was angeblich richtig und wahr ist, davon abhalten lasse, den Sprung nach vorne zu wagen, um die Stagnation zu überwinden, gibt es in diesem Moment keine Denkverbote mehr. Papst Franziskus ermutigt uns ausdrücklich dazu. Mit ihm ist die Ära der Angst, die unter seinen beiden Vorgängern die letzten Jahrzehnte geprägt hat, zu Ende gegangen. Endlich dürfen die Katholiken sagen, unter ihnen die Bischöfe, die sich in der Vergangenheit in der Regel nicht durch mutiges Auftreten hervorgetan haben, sowie die Theologen und kirchlichen Mitarbeiter, was sie für richtig erachten, ohne Angst haben zu müssen, dafür gemaßregelt zu werden. Da allein spürt man wieder etwas vom Wehen des Heiligen Geistes, dessen Glut und Erleuchtung die Katholiken in den letzten Jahrzehnten so sehr in der Kirche vermissten.

Diese Chancen sollte man noch mehr, als bisher geschehen, nutzen. Denken wir zum Beispiel an den Priesternachwuchs, der den toten Punkt erreicht hat oder kurz davor steht. Oder vergegenwärtigen wir uns die zum Teil dramatischen Veränderungen in der Seelsorge, wo wir oft die Erfahrung machen, dass wir einen toten Punkt erreicht haben, es nicht mehr, zumindest so wie bisher, weitergeht. Was den Priesternachwuchs angeht, so können, ja müssen wir, wenn wir endlich aufgewacht sind, uns Fragen erlauben wie: Wie wäre es, wenn wir bewährte Männer, wenn wir Frauen zum Priesteramt zulassen, Priesteramt und Zölibat voneinander abkoppeln? Bezogen auf die Pastoral müssen wir fragen: Ist es vielleicht auch an der Zeit, dass dort etwas zu Ende geht, weil es nicht mehr passt, weil es nicht mehr greift, auch wenn man dachte, dass das der Wille Gottes ist, und jetzt eines Besseren belehrt wird?

Uns durcheinanderwirbeln lassen

Die Lust auf morgen bleibt uns erhalten, Neues, Erneuerung können geschehen, wenn wir uns – auch und gerade auch von unserem Glauben – immer wieder aufscheuchen und aufmischen lassen. Wir müssen durcheinandergewirbelt werden. Dazu fordert uns Papst Franziskus auf, wenn er sich mehr Wirbel für die Kirche wünscht. „Hagan lío", „Macht Durcheinander", lautet die Formulierung im Original, eine Aufforderung, die er immer mal wieder benutzt. Weiß er doch, dass dann der Heilige Geist selbst am Wirken ist. Wenn der aber am Zug ist, wird er so manchen Staub aufwirbeln, der sich in den Jahrhunderten in der Kirche angesetzt hat und dabei auch so manches zugedeckt hat, was jetzt wieder sichtbar wird und zum Leuchten kommt. Der Wirbel des Heiligen Geistes kann aber auch so heftig sein, dass er manches, was brüchig und baufällig geworden ist, zum Einsturz bringt. Jetzt sind die Voraussetzungen dafür geschaffen, dass der Geist wehen kann,

unser Blick geweitet wird, wir mehr sehen, es wieder fließen kann. Möglich ist, möglich wird, was bisher nicht
möglich war.

Wir stecken in der Kirche über beide Ohren so im
Sumpf, dass wir uns kaum mehr bewegen können. So
wunderbar die Enzyklika *Amor Laetitia* ist, die zentrale pas-
torale Aussage, auf die alle gewartet haben, dass wiederverheiratet Geschiedene zur Kommunion zugelassen werden, steht in einer Fußnote. Das ist symptomatisch für
unsere Unbeweglichkeit. Das kann man auch von *Huma-
nae Vitae* sagen, von der junge Leute nie etwas gehört
haben, geschweige denn, dass sie sich an sie halten, was ja
nicht nur für junge Leute gilt, sondern auch für die über-
wiegende Mehrheit der Katholiken. „Der Druck des
Alten, der Machtdruck des Alten ist sehr groß. Es bedarf
großen Mutes und großer Anstrengung, uns gegen den
Druck zu wehren" (Steindl-Rast 2016,168).

Glauben wir wirklich an das, was wir verkaufen?

Hier sind wir wieder an dem Punkt, an dem wir auf das
Wesentliche verwiesen werden, worum es in der Kirche
letztendlich geht. Glauben wir wirklich an das, was wir,
um es einmal salopp zu formulieren, verkaufen: Gott?
Dann haben wir doch die besten Voraussetzungen dafür,
uns auf dieses unsichere Terrain zu wagen und uns von
dem Neuen, das da auf uns wartet, anziehen zu lassen, statt
uns am Alten, anscheinend Sicheren festzuhalten.

Tun wir es? Was hält uns davon ab? Die Angst, wir
könnten untergehen, wenn wir auf dem Wasser laufen?
Die Angst, wir könnten auf etwas stoßen, das uns heraus-

fordert, für uns unangenehme Konsequenzen mit sich bringen würde, würden wir uns davon treffen oder berühren lassen? Die Angst, dass das, was da auftaucht, wenn wir ihm eine Chance geben, aufzutauchen, unbequem für uns ist oder werden könnte?

Ich kann mich des Verdachtes nicht erwehren, dass es manchmal unser eigener Unglaube oder unser mangelnder Glaube ist, dass wir in der Kirche so innovationsgehemmt sind. Es also, wenn es so wäre, gut nachvollziehbar ist, dass wir so vor uns hin leben, weil wir uns nicht sicher sind, ob das Produkt, das wir anbieten, wirklich hält, was es verspricht. Oder aber wir haben Angst davor, dass es hält, was es verspricht, wir dann aber nicht länger in den Trott wie bisher verfallen können, sondern ernst machen müssen mit dem, was wir von Gott sagen und verkünden, und dabei bei uns zuerst anfangen müssten.

Den Blick für das Wesentliche schärfen

Mir helfen hier Personen wie Thomas Merton oder Bruder David Steindl-Rast, die meinen Blick für das Wesentliche schärfen. Sie ermutigen mich, nicht an der Tradition, wie das für eine symbiotische Beziehung typisch ist, hängenzubleiben. Sie schärfen meinen Blick dafür, wo die Tradition zu einem Ballast geworden ist, den wir mit uns herumtragen. Ein Ballast, durch den die ursprüngliche Erfahrung von Gemeinschaft der Menschen mit dem göttlichen Geheimnis nahezu erdrückt wird. Sie schärfen meinen Blick dafür, was wirklich Ballast und überflüssig, was auch zu beanstanden oder abzulehnen ist. Aber auch dafür, was in der

Tradition, unter dem Ballast vom Ursprungsgeist erhalten geblieben ist.

So vergleicht Bruder David Steindl-Rast die Tradition der Kirche mit einer rostigen Wasserleitung. Würden wir die unterirdischen Wasserleitungen, über die wir unser Trinkwasser bekommen, sehen, würden wir, so meint er, nie wieder Wasser trinken. Doch auch wenn sie verrostet sind, erhalten wir über sie das Wasser, das für uns lebensnotwendig ist. Das Wasser des Lebens, die frohe Botschaft, die am Anfang steht, die einst lebendig wie eine Fontäne klaren Wassers emporsprang, ist durch die Tradition zum Teil beschmutzt und eingetrübt worden. Wir verdanken der Tradition, dass sie es über all die Jahrhunderte transportierte. Es bedarf der Reinigung, soll es uns wieder schmecken und zu einer Kraftquelle für unser Leben werden. So kann David Steindl-Rast dennoch sagen: „Ich habe noch immer großen Respekt vor der Kirche, nicht weil sie eine Institution ist, sondern als Vermittlerin einer Botschaft."

Ich kann dann zum Beispiel als kirchlicher Mitarbeiter feststellen: Das, worum es uns eigentlich geht, hat nach wie vor seine Berechtigung, ist auch heute noch wichtig. Auch für mich. Aber es findet in den Formen, die wir bisher benutzt haben, um es zu vermitteln und umzusetzen, nicht länger den Weg zu den Menschen, die wir damit ansprechen wollen. Es spricht sie nicht länger an. So kann, wenn ich an den toten Punkt komme, mich das dazu verleiten, weiterzukommen, meinen Blick zu schärfen für das, worum es bei Religion und dann auch Kirche eigentlich geht.

Eine lebendige, dynamische Spiritualität

Dazu bedarf es einer dynamischen, lebendigen Spiritualität, in der meine Überzeugung zum Ausdruck kommt.
Eine Spiritualität, die in meinem Selbst verankert sein
muss, aus meiner Mitte heraus gewachsen ist, zu meinem
Wurzelgrund gehört. Aus ihr erwachsen Vertrauen, Hoffnung, Mut, Zuversicht, Gelassenheit. Sie stärkt mich, hilft
mir, mich den Forderungen des Augenblicks zu stellen,
durch die Angst hindurchzugehen. Sie hält mein Leben in
Fluss, treibt mich an und trägt damit dazu bei, dass ich flexibel und lebendig bleibe. Sie ist zugleich verankert in
etwas, das größer ist als ich, und sorgt dafür, dass ich immer
wieder eintauche in die Wolke des großen Geheimnisses,
Gott, und mich dort verankere.

6. Kapitel
„Seht, ich mache alles neu"

Eine Erneuerung an mir selbst

Um den notwendigen Erneuerungsprozess zu ermöglichen, die Voraussetzungen dafür zu schaffen, müssen wir uns der Angst stellen. Wir müssen ihr ins Gesicht sehen. Wir müssen in Beziehung zu ihr treten, uns mit ihr in einer gewissen Weise befreunden, um angemessen mit ihr umgehen zu können, sie schließlich sogar für unseren persönlichen und beruflichen Wachstumsprozess, zu dem auch die Bereitschaft, sich ständig zu erneuern, zählt, zu nutzen.

Dabei kann uns ein Glaube, der in etwas, das größer ist als wir, verankert, unterstützen. Er lässt nicht zu, dass wir uns aus Angst nicht länger von der Dynamik des Heiligen Geistes mitnehmen lassen. Dieser Glaube schöpft seine Kraft nicht aus der gegenwärtigen Kirche, sondern aus der Ursprungsquelle, auf die wir dank des Evangeliums stoßen. Von ihm gehen auch Zuversicht und Lust aus, dem Morgen entgegenzugehen, immer wieder neu zu entdecken, dass zutrifft, was uns im Buch der Offenbarung zugesagt wird: „Seht, ich mache alles neu." Dann sind wir in der Lage, jeden Tag immer wieder alles neu, mit neuen Augen zu sehen.

Es vollzieht sich eine Innovation an mir selbst. Es ist eine Haltung, die im Buddhismus als Anfängergeist beschrieben wird, bei der man sich jedes Mal die Zähne so bewusst putzt, als ob man sich noch nie zuvor die Zähne geputzt habe (vgl. Steindl-Rast 2016,103). Bei einer solchen Haltung gehe ich wach durchs Leben. Ich würdige, wenn ich aufwache, dass ich lebe, noch lebe, überhaupt lebe. Was für ein Geschenk. Was für eine Gnade. Etwas, das ich normalerweise als selbstverständlich ansehe, nehme ich jetzt staunend und dankbar wahr. Wenn ich mich umschaue, werde ich daran erinnert, dass das keineswegs selbstverständlich ist, viele, die ich kannte, nicht mehr unter uns weilen.

Während ich das schreibe, ist Weihnachten. Für mich ist dieser Tag ein Tag der Dankbarkeit dafür, dass ich bin, dass ich lebe, atme, ins Dasein gerufen worden bin. Ich denke an Karl-Heinz, an Edwin, an Hermann, alle Personen, die in meinem Alter sind und die in diesem Jahr gestorben sind. Welch ein Privileg, dass ich lebe. Unfassbar. Das ist das eigentliche Geschenk dieses Tages. Es ist so gut und es tut so gut, sich das zu vergegenwärtigen. In diesem Augenblick fällt alles, was mich vielleicht bedrückt, was ich vermisse, von mir ab. Was bleibt, ist die unbändige Dankbarkeit für das Geschenk meines Lebens. Ich höre Händels Messias und bei der Stelle „Es ist uns ein Kind geboren" kann ich innerlich nur noch jubeln und zutiefst ergriffen in einem Zustand innerster Ekstase inmitten einer Welt, die im Chaos zu versinken scheint, meinem Schöpfer dafür danken, zu leben, heute, jetzt, hier.

Neugierig sein und neugierig bleiben

Wollen wir bereit sein, alles immer wieder neu zu sehen und uns auf Neues einzulassen, müssen wir neugierig sein! Wie steht es um unsere Neugierde? Wie sehr ist unsere Neugierde in der Kirche gefragt? Es hat sich gezeigt, dass es sich positiv auf ein Unternehmen auswirkt, wenn die Mitarbeiter und Mitarbeiterinnen neugierig sind in dem Sinne, dass sie an ihrem Unternehmen interessiert sind. Albert Einstein soll einmal gesagt haben: „Ich habe keine besondere Begabung, sondern bin nur leidenschaftlich neugierig." Neugierde wird oft verstanden als das unanständige Verhalten eines Voyeurs oder Schnüfflers. Neugierde kann aber auch Wissenshunger bedeuten, Lust daran zu haben, Bestehendes zu hinterfragen (vgl. Bernewasser 2016,70). Begierig zu sein nach etwas Neuem.

So ist Neugierde eine Quelle von Innovation. Ich bin mit dem Bestehenden nicht einfach zufrieden, setze mich nicht zur Ruhe. Ich will wachsen, bin bereit, etwas zu riskieren, gegebenenfalls auch zu scheitern. Es ist genau diese Spanne zwischen Sicherheit und Unsicherheit, die in sich die Möglichkeit von Neuem eröffnet. Im wahrsten Sinne des Wortes er-öffnet. Es öffnet sich an der Stelle, wo es nicht mehr weitergeht, nicht mehr weitergehen kann, ein Spalt, eine Öffnung, die uns weitersehen, weitergehen lässt. Dafür muss ich das vertraute Gelände verlassen, muss mich auf unsicheren Boden wagen. Dabei hilft mir die Neugierde, die Gier oder einfach das Verlangen, manchmal auch die Sehnsucht nach Neuem.

Das Exil der Gewöhnung verlassen

Wenn ich alles immer wieder neu sehen kann, erachte ich nichts für selbstverständlich. Ich lasse den Trott hinter mir, mit dem wir oft durchs Leben gehen. Ich bin innerlich wach für das, was ist, was gerade geschieht. Ich entrate der Gewöhnung, die uns stumpf macht und unsensibel sein lässt gegenüber uns und unserer Umgebung. Ich verlasse das Exil, wie die Rabbiner die Gewöhnung nannten, um zum Anfängergeist zurückzukehren, von dem ich mich immer mehr entfernt habe (vgl. Steindl-Rast 2016,104).

Dann aber komme ich wieder in Berührung, sehe ich wieder, was mir durch die Gewöhnung abhandengekommen ist: das, worum es letztendlich geht, das, was am Anfang stand. Das aber verlangt von mir, das auf die Seite zu schieben, was die Sicht auf den Ursprung verhindert. Mich nicht länger von Begrifflichkeiten, Gewohnheiten, Regeln, die sich entwickelt, eingeschliffen, vielleicht auch eingeschlichen haben, davon abhalten zu lassen. Ich werde herausgefordert, tiefer zu gehen, wesentlicher zu werden. Wenn wir aufgewacht sind, zwingt uns das, diese unheilvolle Dynamik zu durchbrechen. Wir merken, dass wir uns in der Kirche verlaufen haben, vom eigentlichen Weg abgekommen sind und uns jetzt wieder auf das besinnen müssen, worum es wirklich geht.

Wollen wir also nicht im Exil verharren, müssen wir zu dem Anfängergeist zurückfinden. Dafür ist es notwendig, dass wir das Exil der Gewohnheit verlassen und innerlich aufgewacht tatsächlich erfahren dürfen, dass wir nicht dazu verurteilt sind, für den Rest unseres Lebens in das Exil der Gewohnheit verbannt zu sein. Um uns jetzt aus dieser Erfahrung heraus, die etwas in uns freigesetzt hat, von dem Schwung des Heiligen Geistes mitnehmen zu lassen.

Im Stunden-Buch von Rainer Maria Rilke heißt es an einer Stelle – Rilke spricht darin mit Gott –:

Wenn es nur einmal so ganz stille wäre.
Wenn das Zufällige und Ungefähre
verstummte und das nachbarliche Lachen,

wenn das Geräusch, das meine Sinne machen,
mich nicht so sehr verhinderte am Wachen:

Dann könnte ich in einem tausendfachen
Gedanken bis an deinen Rand dich denken
und dich besitzen (nur ein Lächeln lang),
um dich an alles Leben zu verschenken
wie einen Dank.

Würdigen, was gerade geschieht

Angst entsteht, wenn ich aus dem Jetzt gehe und mich mit
dem befasse und mir ausmale, was in der Zukunft an
Schlimmem geschehen könnte. Lebe ich im Jetzt, lasse ich
mir meine Energie nicht länger abziehen von etwas, was
noch nicht ist. Diese Energie steht mir dann ganz für das
Jetzt zur Verfügung. Wenn ich im Jetzt lebe, entferne ich
mich nicht länger von mir und gebe damit der Angst keine Chance, losgelöst von mir mich zu tyrannisieren. Auch
Zukunft, wenn es dann so weit ist, geschieht immer nur
im Jetzt. Dann aber schaue ich, wenn es so weit ist, was
Sache ist. In Berührung mit mir, im Vollbesitz meiner
Möglichkeiten.

Und da kommt jetzt auch die Lust mit ins Spiel. Im
Unterschied zu anderen Kirchenvätern, die Lust als etwas
Negatives sehen und Lust sehr schnell einseitig mit Verlangen nach erotischer Lust, nach Begierde, gleichsetzen,
sieht der Kirchenvater Thomas von Aquin Lust positiv. Er
beruft sich dabei auf die Sichtweise des Aristoteles, für den
Lust Ausdruck von kreativem Tun ist. Wer ganz in seinem
Tun aufgeht, der empfindet Lust. „Wenn der Mensch bei

der Arbeit Lust empfindet, geht sie ihm besser von der Hand. Wenn er Lust beim Wandern hat, dann hebt sich auch sein Herz. Wenn er mit Lust in eine Besprechung geht, wird sie eher gelingen. Lust dient der Gesundheit. Die Psychologie sagt, dass der Mensch durch Lusthemmung krank wird. Wer sich Lust verbietet, dem stößt das Leben sauer auf. Und er macht sich selbst damit krank" (Grün 2012).

Einer der Gründe dafür, dass Thomas sich so positiv über die Lust äußert, hat auch damit zu tun, dass die Erfahrung von Lust uns in die Gegenwart zurückbringt. „Die Lust ist immer etwas, das ich jetzt im Augenblick spüre … Lust unterbricht die Routine. Daher lädt uns Thomas ein, uns ganz auf den Augenblick einzulassen. Er rät, das, was wir gerade erleben, mit aller Lust zu erleben" (Grün 2012).

Was ich tue, geschieht „in dem ich lebe, webe, bin" – und das jetzt

Die Erfahrung von Lust kann uns helfen, dass wir vor lauter Bemühen um das, was sich alles ändern soll, den Augenblick nicht vergessen, das, was wir gerade tun, würdigen und ganz leben. In dieser Wachheit begegne ich den Menschen. Für die ich da bin. Grüße sie, frage sie nach ihrem Wohlbefinden. Die schwangere Frau frage ich, wann es soweit ist. Was ich tue, geschieht aus der erfahrenen Verbundenheit mit dem Großen Geheimnis, „in dem ich lebe, webe, bin" – und das jetzt.

Wenn ich Eucharistie feiere, Kommunionunterricht halte, höre ich nicht auf, alles neu zu sehen. Ich bediene die alten, manchmal auch altehrwürdigen Formen, Rituale –

allein: Ich bin dabei wach, einer, der aufgewacht ist, der in dem, was er tut, Leben fördern, Lebendigkeit, Vielfalt, Weite ermöglichen will. Damit das Leben fließt, (wieder) fließen kann. Dabei alles zulässt und unterstützt, was dazu beiträgt. Davon lasse ich mich bestimmen und leiten. Nicht von irgendwelchen starren, vorgegebenen Anweisungen, wie und wo es langzugehen hat.

In dieser Haltung und inneren Gestimmtheit nimmt z. B. ein Seelsorger, der in einem Hospiz arbeitet, im Rahmen einer kleinen Feier zusammen mit den nächsten Angehörigen der Verstorbenen und den Mitarbeiterinnen des Hospizes Abschied von der Toten. Es sind bewegende Momente. Die tote Frau verschwindet nicht einfach. Ihr wird ein würdiges Ende bereitet. Angehörigen und Angestellten wird die Möglichkeit geschenkt, sich bewusst zu verabschieden, vielleicht noch einmal etwas zu sagen oder durch eine Geste, eine symbolische Handlung ihr Farewell auszudrücken. Der Seelsorger spricht ein Gebet, trägt einen Text vor, stimmt mit den anderen zusammen in ein Lied ein. Nach der Abschiedsfeier sagt die junge Angestellte dem Seelsorger, wie gut ihr das getan hat. Die Angehörigen bedanken sich bei ihm. Das Ritual hat ihnen geholfen, ihrer Trauer, ihrer Liebe eine Form zu geben. Zugleich durften sie durch die Worte, die Erfahrung von Gemeinschaft, Trost und Stütze erfahren.

Bei solchen Ereignissen dürfen Seelsorgerinnen die Erfahrung machen, wie sinnvoll das, was sie tun, ist. Wie sehr sie selbst reich beschenkt werden durch das, was sie tun, und durch die dankbare Reaktion der Menschen auf das, was und wie sie etwas tun. Für mich ist das ein Beispiel dafür, wie viel Wertvolles, Sinnvolles, Bereicherndes in der Seelsorge geschieht. Es hier zu tiefen, dichten Begegnungen kommt, die mit zu ermöglichen und mit zu gestalten ein Privileg ist. Für den Seelsorger kann das eine Quelle für Zufriedenheit sein, spürt er doch, wie sehr das, was er tut, sinnvoll ist und geschätzt wird.

Er tut es, geht auf in dem, was er tut. Ist dabei ganz präsent. Er tut es für die Tote, die Angehörigen, die Mitarbeiter, und er tut damit auch etwas für sich. Etwas, das seine Rolle, seine Bedeutung, seinen Auftrag unterstreicht. Bei ihm das Gefühl hinterlässt, dass es gut ist, hier zu sein und das zu tun. Auch, einfach da zu sein. Jetzt. In diesem Moment, in dieser Situation. Da geht es dann nicht um Zahlen, um Erfolge, um Anerkennung. Da geht es vor allem darum, auf die ihm mögliche Weise der zu sein, der da ist, um sich in den Dienst nehmen zu lassen von dem, der von sich sagt: Ich bin der, der ich bin da.

Ich überlasse mich ohne Furcht dem Großen Geheimnis, tauche vertrauensvoll in seine Wolke ein. Lasse mich von ihm führen in die Richtung, die das große Geheimnis mir vorgibt. Da gilt, was Leben, Lebendigkeit und Vielfalt verheißt. Es gilt, was dabei hilft, im Jetzt zu leben, Leben in Fülle zu leben. Heute zu leben. Den Himmel jetzt schon verkosten zu dürfen.

Wir haben dann auch keine Angst davor, zuzulassen, was in uns ist, wonach es uns verlangt, was wir anderen geben wollen. Wir lassen uns nicht vorschreiben, wann, wo, wie Barmherzigkeit angemessen ist. Nein, wir haben keine Angst mehr davor, dass unsere Liebe für andere fruchtbar wird. Wie wir auch keine Angst mehr vor unserer Fruchtbarkeit haben, unserer Kreativität, unserer Leidenschaft, unserer Hingabe, die wir uns nicht länger nehmen lassen. Wir lassen uns da von niemandem mehr ausbremsen, zurückpfeifen.

Wenn es uns um Gott geht, tun wir auf dem Hintergrund von dem, was uns in der Krise deutlich geworden ist, endlich das, was uns *dem*, um den es geht, näher bringt: Gott, der die Liebe ist, die unsere Welt und unser Herz erfüllen und erwärmen will. Wir haben jetzt endlich den Mut, zu tun, was wir längst hätten tun müssen, aus Angst aber oder weil es einfach bequemer war, im alten Fahrwasser zu verharren, haben bleiben lassen.

Das ist doch das Tragische und zugleich Skandalöse, dass im Name der Kirche, im Namen des Gesetzes die Verwirklichung von Gottes Liebe behindert wird, kirchliche Mitarbeiter am Vollzug dessen, worum es eigentlich geht, gehindert werden. Hier geht es darum, sich das nicht länger gefallen zu lassen. Keine Angst mehr davor zu haben, seinem Tiefstinnersten zu trauen und Folge zu leisten. Der Seelsorgerin und dem Seelsorger in mir den Vorrang zu geben vor der von außen her bestimmten Vorgabe, wie die und der zu sein hat. Dann schaue ich, was daraus entsteht. Was mir dazu einfällt, was ich an neuen Möglichkeiten sehe, wenn ich mir eingeräumt habe, mich als Seelsorger so zu verstehen, um es dann auch entsprechend umzusetzen.

III. TEIL

7. Kapitel
Wo viel Licht ist, da ist auch viel Schatten

Sich mit unserem Schatten auseinandersetzen

Wo viel Licht ist, da ist auch viel Schatten. Gerade Einrichtungen, die großen Wert auf Ideale legen, die sich mit viel Licht umgeben, um gut herauszukommen, dürfen das nicht vergessen. Denn: je größer das Licht, desto größer der Schatten. Das kann auch gar nicht anders sein. Denn wollen wir im Licht erscheinen, wollen wir glänzen, dann dürfen andere nur unsere Sonnenseite sehen, unsere anscheinend garstige Seite hat da natürlich keinen Platz, also wird sie in den Schatten abgestellt. Die Außenwelt soll vor allem die Sonnenseite sehen, die man mit Begriffen wie Uneigennützigkeit, Hingabe, Demut, Liebe umschreiben könnte. Die weniger schöne Seite, die es aber natürlich auch gibt und für die Begriffe wie Geltungsdrang, Verschwendung, Machtgier stehen, wird in den Schatten abgestellt.

Was ich über Institutionen und ihren Schatten sage, die anscheinend sehr ideal ausgerichtet sind, gilt auch für jeden Einzelnen von uns und in besonderer Weise auch für Personen, die als besonders ideal eingestellt, gut, gar heiligmäßig gesehen werden, sich selbst so sehen oder von denen man erwartet, dass sie so sind. Die Folge davon ist: Die Person, die wir wirklich sind, unsere ganz eigenen, auch einzigartigen Eigenschaften, Eigenheiten und Charaktermerkmale werden dementsprechend gestutzt und eingeschränkt. Das, was wir wirklich denken, wie wir tatsächlich fühlen, von dem wir persönlich überzeugt sind, kommt nur gefiltert zum Zuge. Bei dem, was in den Schatten verfrachtet worden ist, kann es sich um sogenannte schlechte Eigenschaften handeln, wie Egoismus, Neid, Eifersucht, aber auch Seiten von uns, die entscheidend dazu beitragen, dass wir emotional lebendig bleiben und Zufriedenheit in unserem Leben erfahren, wie Neugierde, Kreativität, selbstbestimmtes Auftreten, Freude an sinnlichen Erfahrungen.

Unseren Schatten annehmen

Unser Schatten ist im Laufe unseres Lebens in einem Anpassungsprozess an die Gegebenheiten und Erwartungen unserer Umwelt entstanden. Dabei wurden viele Seiten, Eigenschaften, Neigungen von uns, die zu uns gehören und uns ausmachen, dem Außen geopfert, in den Schatten abgestellt, da sie anscheinend vor der Außenwelt nicht bestehen oder uns dort möglicherweise in Konflikte mit ihr bringen könnten. Damit einher ging die Herausbildung unserer Außenseite, auch *persona* genannt. Sie ist das Gesicht, mit dem wir uns der Welt präsentieren, vergleichbar der Maske, die die römischen Schauspieler vor sich hertrugen.

In der Regel verbinden wir mit Schatten zunächst etwas Negatives. Dass unser Schatten nicht nur aus moralischen verwerflichen Tendenzen besteht, sondern eine Reihe guter Qualitäten aufweist, ja 90 Prozent von ihm, wie C. G. Jung einmal gesagt haben soll, schieres Gold ist, wird manchem daher zunächst suspekt erscheinen. Ja, so manches, das in den Schatten gestellt wurde, beinhaltet vitale

Aspekte unseres Seins, auf die wir nicht verzichten können, wollen wir, dass unser Leben spannend, bunt, wertvoll bleibt oder ganz wird. Nicht selten haben wir unsere Originalität an den Schatten abgegeben.

Wollen wir ganz der Mensch werden, der wir werden sollen, wollen wir ein Leben in Fülle leben, wollen wir, dass unser Leben lebendig, leidenschaftlich, spannend, bunt bleibt oder wieder wird, müssen wir die Seiten von uns, die im Dunkeln sind, die ein Schattendasein führen, ans Licht bringen, in unser Leben bringen, jedenfalls die Aspekte davon, die sich bei näherem Hinsehen als Gold im Schatten und als Kraftquellen erweisen.

Das kann in gleicher Weise von der Kirche gesagt werden. Will sie wirklich der Ort sein, an dem und von dem aus Leben in Fülle und Lebendigkeit gefördert wird, Heuchelei, Unwahrhaftigkeit, Lieblosigkeit, altes und abgestandenes Denken, das den Geist der Unerlöstheit und Unfreiheit atmet, dagegen verbannt, muss sie den Blick auf ihre dunkle Seite aushalten. Dann und erst dann und nicht, solange sie nur die Zuckerseite von sich zeigt, die man ihr längst nicht mehr abkauft, wird auch sie ganz.

Das aber setzt voraus, sich des Schattens, den man wie einen dunklen Schlauch hinter sich herzieht, bewusst zu werden und ihn als einen wichtigen Teil von sich anzuerkennen und anzunehmen. Das gilt auch für die Aspekte des Schattens, die anzunehmen einem schwerfällt. Wer will sich schon zugestehen, wenn er glaubt, ein anständiger und vielleicht sogar frommer Mensch zu sein, dass er auch Neid, Ärger, Hassgefühle, Ehrgeiz kennt? Welche caritative oder kirchliche Einrichtung mag schon gerne hören, dass es vielleicht nicht nur edle Motive sind, die sie

zu ihren Aktionen verleiten, sondern auch Prestigeden-
ken, persönliche Vorteile und vieles mehr dabei eine Rolle spielen können.

In seinem Roman *Konklave* deckt der Bestsellerautor
Robert Harris die Schattenseite der Mitglieder des Konklave auf, die sich in der Sixtinischen Kapelle versammelt
haben, um den neuen Papst zu wählen. Von ihnen heißt
es, dass sie alle heilige Männer seien, aber jeder auch von
irdischem Ehrgeiz getrieben sei. Da ist manches überzo-
gen, doch es ist der Wahrheit näher als so manche Darstel-
lungen der Kardinäle, die in großer Demut und ohne
irgendwelche eigenen Interessen zu verfolgen das Ganze
dem Heiligen Geist überlassen. Da wird vieles verspiritu-
alisiert, vernebelt, auch banalisiert. Das ist ein Beispiel
dafür, wie unehrlich man sich verhält, wie Seiten von
einem, die es gibt, einfach anscheinend keine Rolle spielen, die sich dann aber natürlich doch, jetzt aber auf eine
subtile Weise, Ausdruck verschaffen.

Die lebenslange Auseinandersetzung
mit dem Schatten

Der Schatten holt uns ein, erinnert uns an unsere Menschlichkeit. Er verhindert, dass wir wie schattenlose Geistwe-
sen, die so tun, als verfügen sie nicht auch über einen Körper, durch die Welt ziehen. Auch das, was ich vielleicht als
minderwertig oder verwerflich erachte, gehört zu mir,
„gibt mir Wesenheit und Körper" (C. G. Jung). Es ist mein
Schatten. „Wie kann ich wesenhaft sein, ohne einen Schatten zu werfen?", fragt C. G. Jung (GW 16, § 134), um dann
festzustellen: „Auch das Dunkle gehört zu meiner Ganz-

heit, und indem ich mir meines Schattens bewusst werde, erlange ich auch die Erinnerung wieder, dass ich ein Mensch bin wie alle anderen."

Das macht uns demütig und ist zugleich befreiend. Wir werfen uns, so C. G. Jung, der Menschheit wieder in die Arme, befreien uns von der Last des moralischen Exils, in das wir uns begeben haben. Dabei ist es wichtig, dass wir nicht nur intellektuell feststellen, einen Schatten zu haben, sondern von unserem Herzen her dazu stehen und uns dazu bekennen, weil erst dann die ersehnte innere Befreiung stattfinden kann. C. G. Jung (2001, 43 f.) weiß, wie schwer uns das zunächst fällt. Er verdeutlicht das anhand von zwei Personen und ihren Träumen:

„Der eine träumte von einem betrunkenen Vagabunden, der im Straßengraben lag, der andere von einer betrunkenen Prostituierten, die sich in der Gosse wälzte. Ersterer war ein Theologe, letztere eine distinguierte Dame der großen Gesellschaft, beide empört und entsetzt und durchaus nicht gewillt zuzugeben, dass man von und aus sich selber träume. Ich gab beiden den wohlwollenden Rat, sich ein Stündchen Selbstbesinnung zu gönnen und fleißig und mit Andacht zu betrachten, wo und inwiefern sie beide nicht viel besser seien als der betrunkene Bruder im Straßengraben und die Schwester Prostituierte in der Gosse. Mit einem solchen Kanonenschuss beginnt oft der subtile Prozess der Selbsterkenntnis. Der ‚andere‘, von dem wir träumen, ist nicht unser Freund und Nachbar, sondern der andere in uns, von dem wir vorzugsweise sagen: ‚Herr, ich danke dir, dass ich nicht so bin wie dieser da.‘ Gewiss hat der Traum, dieses Naturkind, keine moralische Absicht, es stellt bloß das allgemeine Gesetz dar, nach welchem keine Bäume in den Himmel wachsen."

Das ist in der Tat eine schwere Kost, die man erst einmal verdauen muss. Sich vorzustellen, dass das, was man in den anderen oft verachtet, auch bei mir vorhanden ist, der anscheinend heiligmäßig lebenden Person, als die ich mich selbst sehe oder die andere in mir sehen, dass dieser eine andere, ganz und gar nicht heiligmäßige Person gegenübersteht, die nicht weniger zu mir gehört, sosehr ich auch versuche, sie mir vom Hals zu halten. Es gibt viele Beispiele von Personen, die als Bischöfe oder etwa in den USA als bekannte Fernsehprediger nach außen hin eine Aura des besonders spirituellen Menschen umgibt, die aber, wenn man genauer hinschaut oder wenn sie selbst zu Opfern ihres Schattens geworden sind, sich als ausgesprochen rücksichtslos, selbstbezogen entpuppen.

Will ich aber verantwortlich mit dieser Seite von mir umgehen können, muss ich dazu stehen, dass sie auch zu mir gehören. Sie annehmen heißt nicht, dass ich ihr Zulassen, ihr Ausagieren in bestimmten Situationen gutheiße. Sie anzunehmen ermöglicht mir, besser mit ihnen umgehen, sie steuern und gestalten zu können. Zunächst aber muss ich mich mit dem, was ich in den Schatten ausgelagert habe, auseinandersetzen. Dabei mag ich feststellen, dass nach außen hin mein Verhalten mit Begriffen wie Hingabe, Frömmigkeit, Liebe bezeichnet werden könnte, während der nicht sichtbare Teil von mir recht gut mit Worten wie Geltungsdrang, Eitelkeit, Verschwendung, Habsucht, Leere, Machtgier usw. beschrieben werden könnte.

Wenn unsere Schattenseite zur Homilie wird

Damit wir nicht zu Opfern unserer Schattenseite werden, müssen wir uns mit ihr auseinandersetzen. Erst in den Momenten, in denen wir ihr von Gesicht zu Gesicht begegnen, werden sie zu Homilien, die uns sagen, wie wir uns anderen und uns selbst gegenüber verhalten sollen, so der Tiefenpsychologe James Hillmann. Ich kann sie nicht allein durch Aufforderung oder Moralisieren vertreiben. Auch wenn ich lieber nichts mit ihr zu tun haben möchte, gehört sie zu mir. Ich predige zum Beispiel Demut und ich predige etwas zu laut darüber, weil ich sehr wohl die Seite an mir kenne, die sich gerne im Mittelpunkt sieht. Und Nietzsche dürfte richtig liegen, wenn er meint, dass jene, die sich selbst erniedrigen, gerne erhöht werden möchten. Oder ich hasse mich dafür und mache mich ständig herunter, weil ich, obwohl ich versprochen habe, auf das Ausleben meiner Sexualität zu verzichten, diese Seite nicht in den Griff bekomme.

Der andere Weg wäre, dazu zu stehen, dass ich auch ehrgeizig bin, es auch eine narzisstische Seite in mir gibt, die auf ihre Kosten kommen will und in Maßen auch darf. Das gilt auch für meine Sexualität und mein sexuelles Verlangen und Verhalten. Ich muss meinen Frieden damit finden. Ich muss hinhören, was mein sexuelles Verlangen mir sagen will, wie ich es in mein Leben integrieren kann. In dem Wort integrieren steckt das Wort integer. Wenn ich zum Beispiel meine Sexualität nicht von mir abspalte, wenn ich mein sexuelles Verhalten – auch da, wo es der gesellschaftlichen oder kirchlichen Norm nicht entspricht – nicht einfach nur verteufle, also schlechtmache, sondern dazu stehe, mir das Almosen der Güte mir selbst gegenüber nicht versage, um eine Formulierung von C. G. Jung zu gebrauchen, findet – wie es bei einem alchemistischen Vorgang der Fall ist – eine Verwandlung in mir statt. Jetzt vermischen sich die unterschiedlichen Seiten und Strebungen in mir, jetzt hat das Schwarz-Weiß-Denken ein Ende, so dass Neues entstehen kann. Ich muss mich mit dem Schatten nicht identifizieren. Auch muss ich ihn nicht ausagieren. Aber meinen Schatten und wofür er steht zu lieben, heißt, mit ihm Frieden zu schließen, ihn mitzutragen und zu ertragen. Die Annahme unserer Wirklichkeit ist wahre Demut. Die Sorge um den Schatten ist die Voraussetzung dafür, ihn zu heilen.

Was kann die Kirche, was können ihre Mitarbeiter und Mitarbeiterinnen, aber auch viele Gläubige, daraus lernen? Auf dem Hintergrund meiner Erfahrungen im Recollectio-Haus, meiner vielen Begegnungen mit kirchlichen Mitarbeitern, meiner eigenen Erfahrungen als kirchlicher Mitarbeiter und aktives Mitglied meiner Kirche kann ich nur dafür plädieren, sich intensiver und ehrlicher mit unserer Schattenseite auseinanderzusetzen. Zum einen, um uns dadurch besser kennenzulernen, die ganze Wahrheit über uns zu erfahren und dadurch auch in die Lage versetzt zu werden, bewusster und verantwortlicher mit Seiten von uns umgehen zu können, die vielleicht nicht so schmeichelhaft sind. Zum anderen, um das Positive, das Gold, das sich dort befindet, zu entdecken und zum Segen der Kirche, ihrer Mitarbeiter und der Gläubigen zu nutzen.

8. Kapitel
Transparent sein

Die Kirche hat eine Vorbildfunktion

Beginnen wir bei der Kirche als Institution. Die Kirche muss beziehungsweise will von ihrem moralischen und spirituellen Anspruch her so etwas wie ein Vorbild sein. Sie hat sich mehr, als das für andere Organisationen gilt, Idealen und Werten verschrieben und es ist verständlich, dass die Außenwelt mehr als bei anderen darauf schaut, ob sie diesen Idealen auch entspricht und gerecht und kritisch reagiert, wenn das nicht der Fall ist. Das haben wir beim Missbrauchsskandal erlebt, bei dem die Kirche ihr Kapital, als glaubwürdig und vertrauenswürdig eingeschätzt zu werden, verspielte. Von diesem Vertrauensverlust hat sie sich bis heute nicht erholt.

Ein anderer Bereich, bei dem die Kirche immer wieder in Kritik gerät, bezieht sich auf das Finanzgebaren der Kirche und wie in der Kirche mit Macht umgegangen wird. Grundsätzlich muss es nicht schlecht sein, dass die Kirche reich ist. Auch ist es eine Tatsache, dass es in einer Institution unterschiedliche Verantwortungsebenen gibt. Entscheidend ist, was die Kirche mit dem Geld macht, wofür sie es ausgibt. Ob sie das transparent macht. Oder dass man, wenn es um Einfluss und Macht geht, nicht so tut, als gäbe es das in der Kirche nicht, und jene, die tatsächlich Macht in der Kirche haben und diese auch ausüben, sich nicht selbst und anderen vormachen, dass ihr Amt nur Dienst sei, sie selbst aber nicht mehr als die Diener ihrer Gemeinschaft, und das noch auf die Spitze treiben, wenn sie sich im liturgischen Kontext als nichtswürdige Knechte bezeichnen.

Organisierte Nächstenliebe

Die Kirche finanziert in Deutschland und weltweit Projekte, bei denen Menschen – Arme, Flüchtlinge, Kranke, Hungernde – unterstützt werden, die dringend der Hilfe bedürfen. Das machen auch andere Organisationen, aber es ist auch eine elementare Aufgabe von Kirche. Sosehr Nächstenliebe und Barmherzigkeit immer wieder spontan und unmittelbar gelebt werden können und sollen, müssen sie auch organisiert werden, um wirkungsvoll helfen zu können. Es bedarf dazu Einrichtungen, Bewegungen, die etwas auf den Weg bringen. Man denke an manche Orden, die es als ihre Aufgabe sehen, genau das zu tun. Dafür braucht es Menschen, eine Organisation und natürlich auch Geld.

Man darf also auch kein falsches Verhältnis zum Geld haben, indem man das Geld von vorneherein zum bösen Mammon erklärt, sich dann aber wundert und darüber klagt, wenn man nicht genug hat und von der Unterstützung anderer abhängig ist, obwohl man bei einiger Phantasie selbst etwas dazu hätte beitragen können, zu mehr Geld zu kommen.

Richtiger Umgang mit Geld

Die andere Seite ist, wachsam zu sein und gut hinzuschauen, was Geld mit mir macht, welche Faszination es auf mich ausübt und inwieweit ich, wenn ich darüber verfügen kann – auch über Geld, das nicht mir gehört –, davor gefeit bin, diese Situation nicht doch auch zu meinem Vorteil zu nutzen. Ich mit der Zeit gar nicht mehr merke, wie ich meine Stellung dazu benutze und schließlich dazu missbrauche, mir zunehmend mit einer Selbstverständlichkeit Privilegien zuzugestehen, die mit meiner Aufgabe und meinen Idealen nicht länger in Einklang zu bringen sind.

Der Fall des ehemaligen Bischofs von Limburg, Franz-Peter Tebartz-van Elst, hat gezeigt – er steht auch für andere Fälle in der katholischen Kirche Deutschlands, die vielleicht nicht so spektakulär sind –, dass undurchschaubares Finanzgebaren und Verschwendung von Kirchengut durch Bischöfe nicht nur in der besonderen Persönlichkeit eines Bischofs begründet ist, sondern, wie es der Kirchenhistoriker Hubert Wolf aufzeigt, strukturelle Ursachen hat. Es ist die Folge des monarchischen Systems, nach dem der Bischof in seiner Diözese mit gesetzgeberischer, ausführender und richterlicher Gewalt ausgestattet ist und damit für alles, was in diesen Bereichen in seiner Diözese geschieht, allein zuständig ist.

Diktatorische Verhältnisse

Wohin das führen kann, wie schnell das zu diktatorischen Verhältnissen führen kann, wenn die Gewaltenteilung nicht sauber geklärt ist beziehungsweise alle Gewalten in einer Hand liegen, erleben wir augenblicklich in der Politik. Doch die Kirche muss hier gar nicht nach anderen schauen, sondern an dieser Stelle vor allem den Blick auf sich selbst aushalten, um festzustellen, zu welch verheerenden Folgen diese unselige Struktur in der Geschichte der Kirche geführt hat und zum Teil auch heute noch führt. Grundsätzliche Menschenrechte – denken wir nur an die Marginalisierung der Frauen in er Kirche, was ihre Rolle und Bedeutung in der Leitungsstruktur der Kirche betrifft – blieben und bleiben auf der Strecke, und das angeblich im Namen Gottes.

Das übersieht man oft, ist so sehr geblendet von der Überzeugung, im Namen der Wahrheit zu handeln, dass man nicht merkt, wie sehr man das Opfer von Eigeninteressen, unbewussten Machtgelüsten, überzogenem Anspruchsdenken beherrscht ist. Erst wenn man bereit ist, dazu zu stehen, dass es in der Kirche auch Macht gibt, dort sehr wohl auch Macht ausgeübt wird, also nicht alles nur Dienst und Aufopferung ist, sosehr man sich das auch gerne einreden mag, wird man auch die Schattenseiten sehen und bereit dafür sein, dass andere mir auf die Finger schauen und mich, wenn nötig, zurückpfeifen und korrigieren dürfen.

Solange das nicht der Fall ist, sind willkürlichem Verhalten Tür und Tor geöffnet, werden jene, die den Machthabern ausgesetzt sind, darunter zu leiden haben. In seinem Roman *Winter der Welt* schildert Ken Follett auf eine sehr berührende, zum Teil aber auch aufwühlende Weise, wie es Menschen ergangen ist, die einem solchen System ausgesetzt waren, in dem das Äußern von persönlichen Überzeugungen, die nicht mehr in Einklang zu bringen waren mit den gängigen Vorstellungen und Erwartungen, mit furchtbaren Sanktionen verbunden waren. Erniedrigung, Haft, Tod waren die Folge. Ein solches Terrorsystem war zum Teil auch die katholische Kirche, wenn ich daran denke, wie viele Menschen auf dem Scheiterhaufen gelandet sind, wie viele Frauen als Hexen verbrannt wurden. Man kann sich überhaupt nicht hineinversetzen in die Not, in die Qualen, die diese Menschen aushalten mussten. Ich kann mich nur schweigend vor diesen Menschen verbeugen, die zu dem gestanden sind, was im tiefsten ihre Überzeugung war.

Dieses Terrorsystem gibt es in dieser Form – Gott sei Dank – nicht länger in der Kirche. Doch so manche Sanktionen in den vergangenen Jahrzehnten – und zum Teil auch heute noch – gegenüber Menschen, die in dem, was sie dachten, von dem sie überzeugt waren, sich nicht in Einklang befanden mit der sogenannten wahren Lehre, erinnern zumindest an diese Zeit. Die Möglichkeit, sich zu wehren vor einem Gremium, das auch die andere Seite sieht und ernst nimmt, gar über die Kompetenz und Macht verfügt, gegenüber dem Bischof oder der Kirchenleitung dem, der Recht hat, zu seinem Recht zu verhelfen, gibt es in einem solchen monarchischen System nicht. Bemühungen der Würzburger Synode, solche Institutionen zu etablieren, sind im Sande verlaufen.

Ein solches monarchisches System ist nicht mit dem im 1. Petrusbrief allen Getauften – Priestern und Laien – grundsätzlich zugesprochenen königlichen Priestertum in Einklang zu bringen. Alle, die getauft sind, bilden nach den Aussagen des 1. Petrusbriefes (2,9) als Gemeinschaft ein königliches Priestertum. Das ist die Grundaussage des Neuen Testaments. Aus dieser Priesterschaft werden Personen berufen, die besondere Aufgaben in dieser Gemeinschaft wahrnehmen, unter anderem die liturgische Leitung. Von Laien oder Klerikern ist – jedenfalls in der frühen Kirche – nicht die Rede.

Die Entscheidung der Erzdiözese München, dass in einer Probephase in Zukunft in einigen Pfarreien die Priester sich die Leitung der Pfarrei mit den Hauptamtlichen und Ehrenamtlichen teilen, ist daher ein Schritt in die richtige Richtung. Die Kirche kehrt damit wieder mehr zu ihrem Anfang zurück und beginnt, die unheilvolle Trennung – hier die Kleriker, die in der Rolle des Hirten etwas Besonderes sind, dort die Laien, die die Schafe sind – zu korrigieren. Das könnte und sollte mit der Zeit auch dazu führen, dass das monarchische System, das auf eine so unselige Weise zur Entstellung der frohen Botschaft durch die Kirche beigetragen hat, obsolet wird.

Dann, wenn „monarchisch" im Sinne des allen zugesagten königlichen Priestertums verstanden wird, wird auch das so notwendige Ende des Klerikalismus eingeläutet, mit dem sich in der Kirche ein Machtsystem etabliert hat, das dem ureigensten Wesen der Kirche nicht nur nicht gerecht wird, sondern im Tiefsten widerspricht. Dieses Machtsystem muss und wird in sich zusammenbrechen, soll Gott, der die Liebe ist, sein Liebeswerk in der Kirche selbst endlich vollenden können. Da darf sich nicht länger jemand etwas herausnehmen, sich über andere setzen. Da haben Angst, Drohung, Strafmaßnahmen keinen Platz. Da gibt es die geschwisterliche Konfrontation, die Begegnung auf Augenhöhe, die alle mit einbezieht, und nicht länger ein einseitiges von Oben nach Unten. Da hat nicht einer von vorneherein Recht, weil er Papst oder Bischof ist. Da muss sich jeder der geschwisterlichen Konfrontation stellen, ist es keine Majestätsbeleidigung, wenn das Verhalten eines Bischofs, so es von der Liebe abweicht, von den Brüdern und Schwestern kritisiert wird, er mit Gott konfrontiert wird und sich nicht länger dieser Kritik mit Verweis auf seine Weihevollmacht, seine hervorgehobene Rolle entziehen kann.

Es bedürfte einer reifen Persönlichkeit, um, ausgestattet mit diesen Vollmachten, verantwortlich mit dieser Macht umgehen zu können. Es gibt sicher viele Bischöfe, die das tun. Auch ist es für sie wichtig, dass sie ihr Verhalten im Rahmen von fachmännischer Beratung und persönlicher Begleitung immer wieder kritisch anschauen und gut darauf achten, nicht der Gefahr zu erliegen, aufgrund ihrer Machtstellung ein Anspruchsdenken an den Tag zu legen, das dazu führt, dass sie den Werten und moralischen Ansprüchen, für die sie nach außen hin stehen, nicht länger gerecht werden. Bei manchen Bischöfen hat man aber den Eindruck, dass das Amt sie deformiert hat, mit dem Ergebnis, dass sie nicht länger, wie eingangs erwähnt, ein Gespür dafür haben, was passt und was nicht passt.

Die Schattenseite nicht außer Acht lassen

Wollen die Kirche und die Verantwortlichen in ihr einigermaßen ihrem Anspruch gerecht werden, müssen sie sich mit ihren Schattenseiten beschäftigen. Diese dürfen nicht hinter einer Dunstglocke – die Spiritualität, besonderer Auftrag oder wie immer man das bezeichnen mag – versteckt werden. Auch darf man nie vergessen, dass es Menschen sind, normale Menschen, für die gilt, was für alle Menschen gilt: dass sie fehlerhaft sind, auf alle Fälle aber noch keine Engel. Vor allem die Betroffenen selbst dürfen das nicht vergessen. Gerade weil sie sich in besonderer Weise Idealen verschrieben haben, damit aber sich auch von den übrigen absondern, zumindest aber unterscheiden wollen, müssen sie besonders gut hinschauen, was denn ihre eigentlichen Motive sind, beziehungsweise sen-

sibel dafür sein, ob es neben den durchaus edlen Motiven
auch andere gibt, die vielleicht nicht so edel sind.

Sich immer wieder selbst besuchen

Hinter Institutionen stehen Menschen, und so beginnt die
Schattenarbeit bei uns selbst, bei denen, die in besonderer
Weise Verantwortung in der Kirche haben, bei den kirchlichen Mitarbeitern und Mitarbeiterinnen, bei den sogenannten einfachen Gläubigen. Für sie ist es – wie das natürlich auch für alle anderen grundsätzlich auch gilt – wichtig,
sich immer wieder selbst zu besuchen, die Räume ihres
Hauses zu betreten und dabei auch die Räume aufzusu-
chen, darunter auch den dunklen Keller, die zu betreten
sie bisher unterlassen, gar bewusst vermieden haben.
Manchmal bedarf es dabei auch der Hilfe einer geistlichen
Begleiterin oder eines Psychotherapeuten.

Ich hatte in den vergangenen 25 Jahren das Privileg,
unzähligen Seelsorgern und Seelsorgerinnen nicht nur von
außen, sondern auch von innen her begegnen zu dürfen.
Dabei habe ich zum einen oft feststellen müssen, wie viel
eigentlich vorhandene Lebensenergie nicht genutzt oder
verschwendet wurde, weil sie in den Schatten abgedrängt
worden war. Auf der anderen Seite habe ich auch oft miterleben dürfen, welch eine große Befreiung davon ausging,
wenn jemand das Gold, das er in den Schatten ausgelagert
hatte, wieder für sich entdecken und für sein Leben und
seine Arbeit nutzbar machen konnte.

Ist es nicht auch verständlich, dass gerade bei kirchlichen
Mitarbeitern, bei Gläubigen, die getreu den Vorschriften
und Idealen ihrer Glaubensgemeinschaft leben wollen, die

persona, das Gesicht, das sie, einer Maske vergleichbar, nach außen zeigen, oft nicht dem entspricht, was sie wirklich denken und fühlen? Es ist die menschliche, bedürftige, die lustvolle Seite, die auf alle Fälle nicht offen daliegen und gesehen werden soll und zumindest öffentlich nicht gelebt werden darf. Von ihnen wird erwartet, dass sie vorbildlich entsprechend dem Moralcodex ihrer Kirche leben. Das führt dazu, dass sie nach außen hin versuchen, diesen Erwartungen gerecht zu werden, in Wirklichkeit aber nicht entsprechend diesen Erwartungen leben, mit dem Ergebnis, dass eine immer größere Kluft entsteht zwischen dem, was sie nach außen hin vorgeben zu leben, und dem, was sie tatsächlich, jetzt aber im Verborgenen, leben.

Die Folge davon ist, dass sie sich nicht länger als stimmig erleben. Sie investieren viel Energie in das Bemühen, die äußere Fassade aufrechtzuerhalten. Viel Energie wird dadurch verbraucht, viel Kraft verschlissen. Viele unter ihnen belastet dabei nicht so sehr ihr Verhalten, das sie für sich selbst oft als stimmig erachten, sondern die Unwahrhaftigkeit, also nicht offen zu ihrem Verhalten stehen zu können, weil das mit Sanktionen verbunden sein kann.

Verdrängte Sexualität

Ein besonders heikles Thema ist in diesem Zusammenhang die Sexualität. Das gilt für die Art und Weise, wie die Kirche an sich dieses Thema angeht, oft auch einfach übergeht. Das betrifft zunächst alle Gläubigen, an die die Kirche hinsichtlich des richtigen Umgangs mit ihrer Sexualität hohe Anforderungen stellt. Es betrifft in besonderer Weise die kirchlichen Mitarbeiter und Mitarbeiterinnen, von denen in diesem Bereich eine Lebensweise gefordert wird, die mit den Standards ihrer Kirche in Einklang zu bringen sind. Das heißt zum Beispiel, sie dürfen unter anderem nicht in nichtehelichen Beziehungen oder homosexuellen Partnerschaften leben.

Von den Priestern wird erwartet, sexuell enthaltsam zu leben. Bei nicht wenigen Priestern führt das zu großen Problemen. Viele unter ihnen versuchen ihre Sexualität, ihre Liebhaberenergie, wie sie in der Erfahrung von innigen, tiefen Beziehungen zum Ausdruck kommt, in ihrem Einsatz für andere zu sublimieren. Zugleich kennen sie aber auch das Verlangen, diese Energie in der erfahrenen Sexualität zu leben. Denn, so der große Theologe Karl Rahner, „ein Mensch ist er, der Priester".

Allein die Entscheidung, das Versprechen oder das Gelübde, auf die gelebte Sexualität zu verzichten, beseitigt nicht die Macht und die Kraft der Sexualität und ihr Verlangen, sich zum Ausdruck zu bringen. Für viele Priester beispielsweise bleibt der rechte Umgang mit ihrem sexuellen Verlangen ein Leben lang ein oft mühevolles Unterfangen. Viele leben sie in der Selbstbefriedigung aus, mit der sie sich arrangiert haben, das heißt nicht länger ein schlechtes Gewissen deswegen haben. Andere leben in festen oder vorübergehenden Beziehungen, in denen sie auch ihre Sexualität leben. Wieder andere haben in Sexfilmen oder Pornographie für sich einen Ausweg gefunden, ihre sexuellen Bedürfnisse mehr oder weniger zu stillen. Dabei spielt der Cybersex eine immer größere Rolle, also die sexuelle Erregung und Stimulierung mittels sexueller Inhalte aus dem Internet. Dabei geht es zunächst um sexuelle Entspannung. Doch oft steht dahinter das Verlangen nach einer tiefen, innigen Beziehung mit einem anderen Menschen. Die Sexualität soll dann das Gefühl von Leere, Isolation überwinden helfen.

Sexualität kann sich, wenn man sich nicht mit ihr auseinandersetzt, sie verdrängt, auf subtile und destruktive Weise Ausdruck verschaffen. Wir begegnen ihr dann im Missbrauch von Macht, in Bitterkeit und Ärger, in übermäßigem Essen und Trinken, im verbitterten Moralisieren über sexuelles Verhalten, in der Depression (vgl. Rolheiser 2014, 70 f.).

Denn was wir im Schatten abgestellt haben, bleibt uns nicht nur erhalten. Es führt dort auch ein kärgliches Schattendasein und kann sich nicht normal entwickeln. Im Falle der Sexualität kann das verheerende Folgen haben. Was uns zunächst vielleicht beeindruckt, etwa der Verzicht auf die Sexualität aus religiösen oder anderen ideellen Gründen, kann sich sehr schnell als Bumerang erweisen. Statt dem Gold, das in einer zur Entfaltung gebrachten Sexualität zum Ausdruck und zum Glänzen kommt, finden wir dann eine Sexualität vor, die wie in einem dunklen Verlies vor sich hinsiecht, die eingesperrt in eine Dunkelkammer nicht wirklich lebt und leben kann beziehungsweise – wen wundert das? – entsprechend gelebt wird: versteckt, unangeschaut, von Angst und Schuld umfangen, oft auch unverantwortlich, lieblos, ausbeuterisch.

Wir müssen, so ungern wir es hören wollen und uns auch dagegen wehren, ernst nehmen: Je vollkommener, tugendhafter sich jemand präsentiert, je heller die Außenseite einer Person erscheint, desto dunkler ist ihr Schatten, den sie wie einen dunklen Sack im Schlepptau hinter sich herzieht, prall gefüllt mit dem, was sie sich nicht gestattet zu leben. Da braucht es oft nicht viel, wenn diese Person nicht auf der Hut ist, sie ihre Schattenseite nicht kennt und als einen Teil von sich akzeptiert, sich bei der nächsten sich bietenden Gelegenheit gebieterisch zu Wort meldet und versucht zum Zug zu kommen.

Wenn ihr die Schattenseite nicht bewusst ist, sie diese nicht angenommen hat, kann sie auch nicht über sie verfügen, indem ihr bewusstes Ich sie kontrolliert, integriert, sich mit ihr auseinandersetzt und streitet. Die Folge davon kann sein, dass sie dann auf eine destruktive Weise sich Ausdruck verschafft. Ich habe das im kirchlichen Kontext oft bei Personen gesehen, die sich nicht mit ihrer Sexualität, ihrer sexuellen Ausrichtung auseinandergesetzt haben, diese so vitale Seite von sich in den Schattenbereich abgedrängt haben. In bestimmten Situationen brach sich dann ihre Sexualität, die schon lange auf der Lauer lag, mit voller Macht Bahn und die Betreffenden ließen sich, da sie sich nicht mit ihrer Sexualität auseinandergesetzt hatten, zu Verhaltensweisen hinreißen, die sie später bitterlich bereuten, da sie durch ihr Verhalten in allergrößte Schwierigkeiten geraten waren.

Ein neues Verhältnis zu Genießen und Lusterfahrung

Wir müssen in der Kirche ein neues Verhältnis zu Genießen und Lusterfahrung bekommen. Wir müssen mehr den Lustanteil der Sexualität berücksichtigen, einfach zur Kenntnis nehmen, dass die Erfahrung von Lust zu einer wesentlichen Erfahrung unseres Menschseins gehört und wir uns etwas vormachen, wenn wir so tun, als sei das nicht so. Für mich heißt das zunächst einmal, sich nichts vorzumachen, was unser Verlangen nach Lust betrifft. Nicht darüber hinwegzugehen, dass das ein fundamentales Verlangen ist. Gut hinzuschauen, wie wir mit diesem Verlangen nach Lust, auch nach sexueller Lust, umgehen, wieweit wir in der Lage sind, diese Seite von uns zu leben, und das auf eine Weise, dass es anderen nicht zum Schaden gereicht.

Das geht damit einher, die Erfahrung von Lust, die in einem Rahmen geschieht, der anderen nicht schadet, als positiv zu sehen und nicht von vornherein mit einem negativen Vorzeichen zu versehen. Darin auch Gottes Geschenk zu sehen. Also Lust nicht zu verteufeln. Lust und Lusterfahrung müssen etwas sein, das man nicht verstecken muss, zu dem man stehen kann, das man als etwas Schönes auch nach außen hin vertreten kann.

9. Kapitel
Wahrhaftig leben heißt,
zu unserer Menschlichkeit stehen

Heilig werden heißt ganz werden

Es gibt, in Anlehnung an eine Novelle von Victor Hugo, einen Film über den Glöckner von Notre-Dame. In diesem Film sieht man den unansehnlichen Glöckner, wie er in den Türmen der Kathedrale herumklettert (vgl. Welch 1982). Die Leute außerhalb der Kathedrale, über die er sich wenig Gedanken macht und denen gegenüber er wenig Respekt aufbringt, verspottet er. Er ist zum einen eine vernachlässigte, verstoßene Gestalt, während er zur gleichen Zeit an einem heiligen Ort seinen Dient ausübt und den Klang der Glocken liebt. Dieser Glöckner wird fälschlicherweise eines Verbrechens angeklagt und zur Freude und Belustigung der Menge an den Pranger gestellt und verspottet. Die zurückgewiesene, verhasste Gestalt wird ausgepeitscht und beleidigt. Mit Ausnahme einer jungen Frau, die anders als die Menge reagiert. Sie zeigt ihm gegenüber ein großes Mitleid, bleibt bei ihm und tröstet ihn. Diese fürsorgende Geste berührt ihn tief, ja versetzt ihn in Staunen. Noch nie hat er eine solche Behandlung erfahren. Später, als die Frau sich in Gefahr befindet, gibt er sein Leben hin, um sie zu retten, nachdem er noch die Kathedrale vor den Angriffen des Mobs verteidigt hatte. Inwendig gibt es in diesem verachteten, entfremdeten Glöckner einen Adel, der das Heilige hütet und das Leben einer anderen Person rettet. Die Botschaft, die von dieser

Geschichte ausgeht, ist klar: Wir müssen die zurückgewiesene Seite in uns, die Schattenseite, annehmen und von der Tiefe unseres Herzens her lieben. Das ist der Beginn von Heilung und Ganzheit für unsere Persönlichkeit.

Was ich damit sagen will: Wir sind zu einseitig in der Kirche. Wir sind, zumindest auf den ersten Blick, zu sehr auf der Seite der Guten. Was anscheinend nicht gut ist, wandert in den Schatten ab. Das aber ist ein Fehler. Weil uns dadurch etwas verlorengeht. Weil wir damit oft genau das verhindern, was wir eigentlich erreichen möchten: dass wir ganz werden. Der englische Begriff für „ganz" ist *whole*. In diesem Wort steckt auch das englische Wort *holy*, das mit heilig übersetzt wird. Heiligkeit heißt für den Mystiker Thomas Merton, der und die zu werden, die zu werden wir berufen und bestimmt sind. Heilig ist demnach, wer alles, was uns ausmacht, zulässt und entfaltet, alle Eigenschaften und Möglichkeiten, die wir haben, so in sein und ihr Leben integriert, dass sie zu unserer Ganzheit beitragen.

Heilig, ganz, vollständig ist, wer die Gegensätze überwindet, sie zusammenführt, statt sie gegeneinander aufzubringen oder zu versuchen, bestimmte Seiten, Qualitäten und Eigenschaften von uns zu bekämpfen, zu überwinden, zu beseitigen oder zu verdrängen. Um das aber zu ermöglichen, müssen wir auch das sogenannte Schlechte, das gesellschaftlich oder kirchlich betrachtet Verpönte und unschicklich Erachtete beachten, ja annehmen. Wir müssen uns im wahrsten Sinne des Wortes mit dem Teufel anlegen.

Hier erschließt sich uns ein Verständnis von Heiligkeit, das dem gängigen Verständnis von Heiligkeit widerspricht, nach dem der heilig ist, der die sogenannte dunkle Seite

überwunden hat und nur noch anscheinend gut, rein, vorbildlich und tugendhaft lebt. Diese Vorstellung von Heiligkeit hat ihr Recht und ihre eigene Bedeutung. Sie setzt
aber eine reife Persönlichkeit voraus, die sich nichts vor-
macht, die um ihre Schattenseiten weiß und mit ihnen in
Berührung ist, auch um zu vermeiden, dass die übersehe-
ne Schattenseite sich, weil nicht angeschaut und integriert,
so dass ich konstruktiv mit ihr umgehen kann, auf subtile Weise an anderen Stellen bemerkbar macht und von der
angeblichen Heiligkeit dann nur noch wenig übrigbleibt.
Denn: „Wenn ich ein Gut verwirkliche, etwas Wertvolles
schaffe, dann schaffe ich gleichzeitig auch ein ebenso großes Gleichgewicht im Schatten. Und dieses sucht sich seinen Weg in die Wirklichkeit (...), schleicht sich in die
Wirklichkeit – ohne mein Gewahrsein (Anke und Erhard
Doubrawa, in: Johnson 2013,21).

Es liegt an uns, welchen Weg wir beschreiten. Das Leben
der Person, die sich völlig von ihrem Schatten fernhält, ist
zwar in Ordnung, aber auch schrecklich unvollständig
(vgl. Stein 2000,134). Öffnet sich eine Person „dagegen
der Schattenerfahrung, so wird sie mit Unmoral befleckt,
erreicht zugleich aber auch einen höheren Grad der Ganzheit". Auf die Frage, ob er lieber gut oder lieber vollständig sein wolle, soll C. G. Jung geantwortet haben, er wolle lieber ganz sein. Auch der hl. Augustinus wusste schon,
dass wir nicht handeln können, ohne zu sündigen.

Es gibt Menschen, die sich so festgebissen haben an
ihrem Ideal von Vollkommenheit und Heiligkeit, dass sie
gar nicht mehr merken, wie weit sie sich dadurch von
ihrem wahren Menschsein entfernt haben und wie sehr
ihnen die Demut abhandengekommen ist. Sie erachten
Reinheit und Vollkommenheit für wichtiger, als sich dem

wirklichen Leben zu stellen. Bei der Auseinandersetzung mit sich und dem wirklichen Leben könnten sie sich ja möglicherweise „schmutzig" machen.

Wollen wir aber das Leben wagen, machen wir uns schmutzig. Müssen wir uns in das Getümmel des Lebens stürzen. Was das von uns verlangt, schildert sehr eindrucksvoll C. G. Jung (1912, 238) am Beispiel der Seele, die wir nicht über die Bücher, sondern auf den Straßen des Lebens kennenlernen:

„Wer etwas über die menschliche Seele kennenlernen will, der wird von der experimentellen Psychologie so viel wie nichts darüber erfahren: Ihm wäre zu raten, lieber die exakte Wissenschaft an den Nagel zu hängen, den Gelehrtenrock auszuziehen, der Studierstube Valet zu sagen und mit menschlichen Herzen durch die Welt zu wandern, durch die Schrecken der Gefängnisse, Irrenhäuser und Spitäler, durch trübe Vorstadtkneipen, Bordelle und Spielhöllen, die Börsen, die sozialistischen Meetings, die Kirchen, die Revivals und Ekstasen der Sekten zu gehen, Liebe und Hass, Leidenschaft in jeder Form am eigenen Leib zu erleben, und er käme zurück mit reicherem Wissen beladen, als ihm fußdicke Lehrbücher je gegeben hätten, und er wird seinen Kranken ein Arzt sein können, ein wirklicher Kenner der Seele."

Wenn aus dem Bösen Gutes erwächst

Wer sich seinem Schatten stellt, wird sehr schnell vom Sockel seines Vollkommenheitsstrebens heruntergeholt. Das aber kann ein heilender Vorgang sein. Die kalte Luft, die ihm auf seinem Sockel um die Nase weht, die Distanz und die Isolation, die ihn dort oben von den anderen getrennt sein lässt, kann er jetzt eintauschen mit dem wärmenden Boden echter Menschlichkeit und Mitmenschlichkeit. Jetzt kann er sich seiner Wirklichkeit, seiner Menschlichkeit stellen, die er in seinem Vollkommenheitsstreben so sehr zu umgehen versuchte.

Können wir unseren Schatten annehmen, laufen wir nicht so schnell Gefahr, abzuheben, zu glauben, wir könnten uns über unsere menschliche Situation erheben. Wir bleiben auf dem Boden, bleiben demütig. Das Wort für Demut in Latein ist *humilitas*. Wer auf dem Boden, auf Latein *humus,* bleibt, wer zu seiner Menschlichkeit steht, wird demütig, *humilis*. Er und sie bleiben in Berührung mit dem Boden, der fruchtbar ist, auf dem Weizen und Unkraut wachsen. Das ist unsere Wirklichkeit.

Immer wenn uns diese Weitung gelingt, werden wir die Gegensätze – hier die Persona, die wir der Welt zeigen, dort den Schatten, der ein Leben im Verborgenen führt – überwinden können. Wir lassen uns bereichern von dem, was wir vernachlässigt haben, was wir in den Schatten gestellt haben. Jetzt ist Neues möglich, kann Verwandlung stattfinden. Jetzt können wir das Gold, das im Schatten verborgen war, für unser bewusstes Leben nutzen.

Die Verwandlung

Der Weg dahin wird in der Regel kein Spaziergang sein. Manchmal müssen wir erst in Krisen und Situationen geraten, um dazu bereit zu sein, einen Blick in unser Schattenreich zu werfen in der Hoffnung, dort das Gold zu finden, das uns bei der Bewältigung unserer Probleme helfen kann. Sind wir bereit dazu, müssen wir vielleicht feststellen, dass unsere Sicht von Leben zu eng ist oder es unserem Leben an Tiefe fehlt und wir deshalb manche Lebenseinstellungen weiten und verändern müssen. Bis es so weit ist, müssen wir die seelischen Schmerzen, die damit verbunden sein können, aushalten, schwierige Wegstrecken bewältigen, dunkle Nächte durchstehen. Wir müssen in die Dunkelheit hinabsteigen, müssen zugrunde gehen, um in der Erfahrung des Zugrundegehens mit unserem eigentlichen Grund in Berührung zu kommen. Die Erschütterungen, die damit einhergehen, führen uns in unsere Tiefe und tragen zu unserer Verwandlung bei. Genau das aber – die Verwandlung – ist das Gold, das wir dadurch gewinnen.

Wir sind alle aus dem gleichen Holz geschnitzt

„Ein Mensch ist der Priester. Er ist also aus keinem anderen Holze gemacht wie wir alle. Er ist ein Bruder. Er trägt das Los des Menschen auch weiter, nachdem die Rechte Gottes in der Hand des Bischofs auf ihm geruht hat. Das Los der Schwachen, das Los der Müden, der Mutlosen, der Unzulänglichen und der Sünder." Das sagt Karl Rahner (1957, 7 f.) anlässlich einer Primiz. Was hier Karl Rahner vom Priester sagt, gilt gleichermaßen für alle Seelsorger und Seelsorgerinnen.

Es ist für mich ein Privileg, dass ich in den vergangenen 25 Jahren unzähligen Seelsorgern und Seelsorgerinnen begegnen durfte, die alle aus dem gleichen Holz gemacht sind wie wir alle. Menschen, die gestrauchelt sind, die sich

schuldig gemacht haben, die sich in Verstrickungen wie-
dergefunden haben, weil sie das Leben gewagt haben, weil
sie der Stimme ihres Herzens, dem Ruf Gottes folgen woll-
ten. In ihrer Ohnmacht, in ihrer Verzweiflung, in ihren
Tränen bin ich meiner Ohnmacht, meiner Verzweiflung,
meinen Tränen begegnet. Von ihrer neu aufkommenden
Zuversicht, ihrem aufkeimenden Mut, weiterzugehen,
ihrem Lachen und ihren Freudensprüngen, wenn sie nach
Zeiten dunkler Nacht plötzlich Licht in der Ferne entdeck-
ten, um dann endlich Auferstehung zu erfahren, habe ich
mich immer wieder anstecken lassen.

Vor allem aber habe ich in diesen Begegnungen die
Erfahrung machen dürfen, dass wir, die wir alle aus dem
gleichen Holz geschnitzt sind, in unserer Menschlichkeit
das Gebrechlichste und zugleich Schönste miteinander teilen, was Gott uns als Menschen geschenkt hat und er mit
uns teilt, unsere Menschlichkeit.

So begegne ich in den Personen, die ich begleite, mir
selbst und Gott. Gott, der, so meine Erfahrung, am
stärksten da gegenwärtig ist, wo wir Leben wagen; der
da ist in den Niederungen des Alltags, in den Abgrün-
den unserer Seele; der auf dem Schlachtfeld unseres
Lebens mit uns kämpft. Wo Gott am stärksten gegenwärtig ist, da ist auch sein Feind – das Böse, der Teufel
oder wie auch immer wir es nennen mögen, sagt Gra-
ham Greene. Und umgekehrt: An Orten, wo der Feind
nicht ist, scheint es uns unmöglich, Gott zu entdecken.
Hier auf dem Schlachtfeld Begleitung begegne, erfahre,
entdecke ich Gott immer wieder, gerade auch weil sein
Feind anwesend war, als einen, der sich nicht feige aus
dem Staub machte, sondern mitten unter uns weilt und
mit uns kämpft.

Weiter habe ich die Erfahrung gemacht, wie recht der Philosoph Sören Kierkegaard hatte, als er sagte: „Wahr sind Sympathie oder Mitleid nur dann, wenn man sich innerlich zugestanden hat und mit größerer Sicherheit als ein Kind sein ABC kennt, weiß, dass alle treffen kann, was *einen* getroffen hat." Diese Erkenntnis zählt auch zu dem, was wir in den vergangenen Jahren gelernt haben: dass alle treffen kann – auch die Begleiter –, was einen getroffen hat, der zu uns als Begleiter und Begleiterin kommt.

Gott in alle Räume unseres Hauses eintreten lassen

In diesen Jahren im Recollectio-Haus habe ich auch viele Einblicke bekommen, wie kirchliche Mitarbeiter mit den Spannungen umgehen, die sich zwischen ihrem praktizierten Lebensstil und den Erwartungen des kirchlichen Arbeitgebers ergeben können. Nach meinen Erfahrungen gibt es nicht *die* Lösung, diese Spannung aufzulösen. Wichtig ist es, sich der Spannung bewusst zu sein. Also zu wissen, dass es diese und jene Erwartungen und Anforderungen gibt, die ich zunächst auch für richtig erachten mag und deren Erfüllung der kirchliche Arbeitgeber auch mit Recht von mir erwarten darf, es zugleich aber auch meine eigene Wirklichkeit gibt und ich hinter diesen Erwartungen zurückbleibe.

Für kirchliche Mitarbeiter und Mitarbeiterinnen ist es wichtig, sich zu kennen, vor allem auch die Bedürfnisse, Wünsche und Sehnsüchte, die sie zwar haben, aber vom Ideal her nicht ausleben können oder dürfen. Viele dieser Bedürfnisse sind ganz normal, zeigen, dass sie auch als kirchliche Mitarbeiter nach wie vor zur menschlichen Rasse gehören. Wonach sie sich sehnen, nach Beziehungen, nach Zärtlichkeit, nach sexuellen Erfahrungen, ist weiterhin zunächst grundsätzlich etwas Positives.

Was einen Schatten darauf werfen kann, mag der Kontext sein, sprich mein Verhalten, das nicht dem Codex der Gruppierung, der ich angehöre, entspricht, die aber von mir verlangt, entsprechend diesem Codex zu leben. Das kann mich in eine innere Spannung bringen, die ich nicht einfach übergehen, sondern der ich mich stellen sollte. Ich kann mir dann zugestehen, dass es seitens meiner Religion, meines Arbeitgebers Erwartungen und Forderungen bezogen auf meine Lebensweise gibt, die mit dem Berufsbild verbunden sind und die grundsätzlich auch ihre Berechtigung haben; es zugleich aber auch meine eigene Wirklichkeit als Mensch gibt und diese immer wieder auch hinter diesen Erwartungen zurückbleibt. Ich bin dann bereit, auf meine Bedürfnisse, Wünsche und Sehnsüchte zu schauen und diese ernst zu nehmen. Damit beginnt es. Bin ich dazu bereit, werde ich feststellen, dass ich nicht vollkommen bin. Aber jetzt nicht deswegen nicht vollkommen bin, weil ich nicht hundertprozentig den Erwartungen der Außenwelt entspreche, sondern weil und solange ich versuche, nur ihnen zu entsprechen.

Spirituell ausgedrückt, würde das für mich heißen: Ich glaube, wir lassen, wenn wir uns mal als ein Haus verstehen, Gott in fast alle Räume unseres Hauses eintreten. Da sind wir transparent, da darf er hineinschauen, da darf er sich breitmachen. Und dann gibt es so ein paar Nischen und ein paar Ecken, vielleicht auch ein paar Zimmerchen, wo wir ihn lieber außen vor lassen. Hier ginge es darum, auch in diesen paar Zimmerchen und diesen paar Nischen Gott hereinzulassen, ganz hereinzulassen, ganz transparent zu werden, zumindest für Gott; da darf es eigentlich nichts mehr geben, was ich versuche, vor ihm verborgen zu halten. Und dann gibt es andere Seelsorger, spirituelle Begleiter, Therapeuten, Seelenfreundinnen, Bekannte, mit denen ich mich verstehe, die ich auch in diese verborgenen Räume von mir hereinlasse.

Also machen wir Platz für ihn. Lassen wir ihn herein in unser Herz, in unsere Wohnung, in unser Haus, dass er sich dort niederlassen uns ausbreiten kann.

Margaret Halaska schreibt in einem Gedicht (zit. in: Rolheiser 2014, übersetzt aus dem Englischen von W. M.):

Der Vater
klopft an meine Tür
auf der Suche nach einer Wohnung für seinen Sohn.

Die Miete ist billig, sage ich.

Ich will sie nicht mieten, sondern kaufen.

Ich weiß nicht, ob ich sie verkaufen will,
aber du kannst hereinkommen und dich umsehen.

Ich denke, dass ich das tun will, sagt Gott

Ich überlasse dir ein oder zwei Zimmer.

Mir gefallen sie, sagt Gott, ich nehme zwei.
Du kannst dir überlegen, ob du mir eines Tages noch weitere Zimmer überlässt.
Ich kann warten, sagt Gott.

Ich würde dir gerne mehr überlassen, aber es ist etwas schwierig. Ich benötige etwas Platz für mich.

Ich weiß, sagt Gott, aber ich werde warten. Mir gefällt, was ich sehe.

Hm, vielleicht kann ich dir ja noch ein weiteres Zimmer überlassen.
Ich brauche eigentlich nicht so viel Platz.

Danke, sagt Gott, ich nehme es. Mir gefällt, was ich sehe.

Ich möchte dir das ganze Haus geben,
aber ich weiß nicht.

Denke darüber nach, sagt Gott, ich würde dich nicht rauswerfen.
Dein Haus wäre mein Haus und mein Sohn würde darin wohnen.
Du würdest mehr Platz haben als jemals zuvor.

Ich verstehe nicht, was du damit meinst.

Ich weiß, sagt Gott, aber ich kann dir das nicht erklären.
Du musst das selbst herausfinden.
Das aber kann nur geschehen, wenn du ihm das ganze Haus überlässt.

Das ist ein bisschen riskant, sage ich.

Ja, sagt Gott, aber versuch mich
(try me, probiere mich aus, also so, wie man etwas ausprobiert, schmeckt, kostet – W.M.).

Ich weiß nicht so recht – ich lasse es dich wissen.

Ich kann warten, sagt Gott. Mir gefällt, was ich sehe.

IV. TEIL

10. Kapitel
Ego-Kirche und Selbst-Kirche

Ego und Selbst

Neues kann geschehen, wenn wir eine gute Balance finden zwischen einer Ego-Kirche und einer Selbst-Kirche. Was meine ich damit? Auf der einen Seite bedarf die Kirche einer Struktur, muss sie sich in äußerlich fassbaren Konkretionen Ausdruck verschaffen. Diese Struktur bildet sich dann auch unter anderem in der Tradition der Kirche ab. Das ist die Ego-Seite der Kirche, die dafür Sorge tragen muss, dass etwas konkret umgesetzt wird und zustande kommt.

Auch eine Freundschaft oder eine Ehe bedarf einer Ego-Struktur. Wir müssen etwas dafür tun, dass sie zustande kommen. Wir müssen uns etwas einfallen lassen, um Freunde zu gewinnen, den Partner zu entdecken, einen Rahmen finden, innerhalb dessen wir unsere Beziehungen pflegen. Doch das allein genügt nicht. Es muss einhergehen mit der Entfaltung unseres Selbst, jener größeren Kraft, die unsere manchmal sehr enge und engherzige Egomentalität einholt, umfängt und schließlich verwandelt. Es muss zu einem Tanz zwischen unserem Ego und unserem Selbst kommen.

Nachdem wir Freundschaften geknüpft haben, verbindliche Beziehungen eingegangen sind, muss unter uns und zwischen uns sich entfalten können, was Freunde und Freundinnen, Partner und Partnerinnen miteinander verbindet, was uns bei dem jeweils anderen sein lässt (vgl. Richo 1999). Wenn ein zu starkes Ego uns daran hindert, müssen wir unser Ego zurücknehmen und dem Selbst die Führung überlassen.

Übertragen auf die Kirche heißt das: Nachdem die Strukturen vorhanden sind, muss das, um was es in der Kirche letztendlich geht, mit Hilfe dieser Strukturen verwirklicht werden. Diese Strukturen wollen dazu beitragen, dass der Geist, der Heilige Geist, das Magma des Glaubens dank dieser Strukturen in besonderer Weise zum Fließen und zum Ausdruck kommt. Henri Nouwen (2016, 230 f.) vergleicht die Lehre und die Strukturen der Kirche mit einem Zaun, der den Garten umsäumt, in dem wir Gott begegnen können. Sie dürfen sich um Gottes willen und der Menschen wegen nicht als Ego-Strukturen erweisen, die genau das behindern oder gar verhindern. Damit soll nicht gesagt werden, dass Gott nur innerhalb der kirchlichen Lehre und Strukturen erfahrbar ist – oder umgekehrt, dass die Lehre und die Strukturen der Kirche die ganze Welt umfassen im Sinne von vereinnahmen. Vielmehr ist es Aufgabe der Kirche, gute Voraussetzungen zu schaffen, dass der Glauben wachsen kann, sie Möglichkeiten anbietet, ihn entsprechend unseren menschlichen Bedingungen miteinander leben und pflegen zu können. So bedarf es Menschen, es bedarf ihrer Ideen, um einen Ort wie Taizé zu schaffen, an dem viele Menschen tiefe religiöse Erfahrungen machen dürfen. Bei alledem dürfen wir nicht vergessen, wie recht Karl Rahner hat, wenn er sagt, Dogmen sind wie Laternen in der Nacht. Sie leuchten auf unserem Weg in der Nacht, aber nur Betrunkene halten sich an ihnen fest.

Entscheidend ist die Gottes-Erfahrung, nicht eine Beschreibung Gottes, etwa in Form eines Lehrsatzes oder eines Glaubensbekenntnisses. Diese haben ihre Bedeutung, aber ohne die Gottes-*Erfahrung* wären sie für mich Leersätze, also wirklich leere, tote Sätze und Floskeln. Sie dürfen diese Grund-Erfahrung der Gottes-Erfahrung nicht ersticken, durch Worte, Haarspalterei zudecken, sondern müssten uns eigentlich den Weg zum Magma, der Ursprünglichkeit unseres Glaubens, führen. Allein, sie vermögen nur unzulänglich das zu beschreiben, das in Worte zu fassen, was unbeschreiblich und unsagbar ist und bleibt.

Die Kirche als Institution ist ständig der Gefahr ausgesetzt, mit der Zeit den eigentlichen Zweck, wofür sie, ihre Strukturen, da sind, zu vergessen. Sie verschleißt dann ihre Kräfte dafür, sich selbst zu verwirklichen, sich selbst zu bestätigen, sich selbst größer zu machen, statt dem segensreichen Wirken des Geistes die Führung zu überlassen, so dass er sich ausbreiten kann, ganz im Sinne von Johannes 3,30: „Er muss wachsen, ich aber muss kleiner werden."

Der Geist, der Heilige Geist, steht hier dann für das, was die Tiefenpsychologie unter dem Selbst versteht. Dessen Aufgabe ist es unter anderem, dafür Sorge zu tragen, dass wesentliche Bereiche, die unser Leben ausmachen, nicht zu kurz kommen. So geht es in der ersten Hälfte unseres Lebens darum, zu einer Person zu werden; C. G. Jung spricht von *persona*, die wir, wie oben ausgeführt, den Schauspielern in der Antike vergleichbar, wie eine Maske vor uns hertragen. Es ist die Person, die sich aus unseren eigenen Erwartungen und den Erwartungen unserer Umwelt zusammensetzt. Dabei wird so manches, was unseren eigenen Erwartungen und den Erwartungen unserer Außenwelt nicht entspricht, in die Rumpelkammer, sprich den Schatten, abgestellt.

So wichtig die Herausbildung der *persona* ist, wollen wir unseren Platz im Leben, in der Gesellschaft, im Kontext der Kultur, in der wir leben, finden, so wichtig ist es aber auch, darauf zu schauen, dass dabei nicht Entscheidendes, Wesentliches von dem, was uns ausmacht, was zu unserer Persönlichkeit gehört, verlorengeht. Wichtig ist also, dass es sich dabei um eine gesunde *persona* handelt, wir also nicht so viel von uns aufgeben, dass wir am Ende nicht mehr wir selbst sind und dass dies entsprechende negative psychische Auswirkungen mit sich bringt.

Manchmal müssen wir, wenn der Anpassungsprozess an unsere eigenen äußeren Erwartungen zu einseitig und radikal ausgefallen ist, nachsteuern, also wieder einiges aus der Rumpelkammer, dem Schatten, hervorholen und in unser Leben integrieren, um gut funktionieren und zufrieden sein zu können. Das kann immer wieder im Verlauf unseres Lebens anstehen. In besonderer Weise steht das aber in der zweiten Hälfte unsres Lebens an, in der wir uns, nachdem wir uns in der ersten Lebenshälfte mehr mit der äußeren Welt befasst haben, unserer inneren Welt zuwenden sollten und letztlich auch müssen. Dabei verlieren die äußeren Werte, wie Erfolg, Anerkennung, materieller Reichtum usw. an Bedeutung und ermöglichen uns dadurch einen freieren Blick auf innere Werte wie Weisheit, Gelassenheit, Demut, die in der ersten Phase unseres Lebens mitunter zu wenig bedacht worden sind, als glühende Kohlen unter grauer Asche aber darauf warten, endlich von uns entdeckt zu werden (vgl. Welch 1982).

Loslassen und uns beschenken lassen

Manche vollziehen diesen Prozess, bei dem unser Ego ent-
thront wird, ganz bewusst, andere sträuben sich dagegen
oder sehen sich nicht in der Lage, sich auf diesen Prozess
einzulassen. Sie sind so besetzt von den äußeren Beschäf-
tigungen, dass es für sie kein Heilmittel gibt und man
davon ausgehen muss, dass ihnen der Weg nach innen, die
Einkehr nach innen, nicht gelingt. Sie sind so sehr verbunden mit diesen äußeren Dingen, dass dort, wo vermeint-
lich ihr Schatz liegt, sich auch ihr Herz befindet.

Es ist faszinierend, das, was ich vom Selbst und von den
Schwierigkeiten, ihm die Führung zu überlassen, aus einer
tiefenpsychologischen Sicht sage, bereits bei Teresa von
Avila in ihrer *Seelenburg* zu entdecken. Sie erweist sich hier
als einfühlsame Psychotherapeutin, da sie uns in dieser
Situation verstehen kann. Ist es ja auch zunächst unsere
Aufgabe in der ersten Phase unseres Lebens, uns ein Außen
aufzubauen. Sie traut uns aber zu, dass wir mit der Zeit
den Weg nach innen, hinein in die Seelenburg, finden. So
schreibt sie über die Menschen, denen es schwerfällt, sich
dem Selbst zu überlassen: „Denn obwohl sie sehr in das
Weltliche verflochten sind, haben sie rechte Sehnsüchte.
Und manchmal, wenn auch nur dann und wann, wenden
sie sich an unseren Herrn und üben Selbsterkenntnis, allerdings nur sehr vorübergehend. Etwa einmal im Monat
beten sie inmitten all ihrer Geschäftigkeit, die ihr Denken
üblicherweise beherrscht und in die sie ganz eingebunden
sind. Denn wo ihr Schatz ist, dahin strebt ihr Herz. Aber
hin und wieder erkennen sie doch ihre Verfassung und
möchten sich davon frei machen, denn sie sehen, dass dieses nicht der Weg ist, der sie zum Burgtor führen könnte.

Schließlich also kommen sie in die ersten Räume des Untergeschosses hinein. Aber mit ihnen dringen auch so viele Vipern und solche Mengen von Ungeziefer ein, dass sie weder die Schönheit der Burg wahrnehmen noch zur Ruhe kommen können. Der Eintritt fiel ihnen ja schon schwer genug" (Lorenz 1999,174 f.).

Wenn wir zu sehr beschäftigt sind mit dem äußeren Lebensbereich, meldet sich unser inneres Leben. Wenn wir keinen Frieden finden in unserem inneren Leben, werden wir auch keinen Frieden in unserem äußeren Leben erfahren. Es wird einen ständigen Kampf zwischen der inneren Welt und der äußeren Welt geben. Hier geht es darum, die gute Balance zu finden. Das Ego lässt sich so leicht nicht entthronen, wehrt sich dagegen. Für das Ego bedeutet das eine Niederlage, wenn es der inneren Welt den Vorrang überlassen soll. Hier kann man auch nicht einfach alles über das Knie brechen, geht es nicht an, gewaltsam uns selbst gegenüber vorzugehen. Vielmehr sollten wir dabei achtsam und behutsam vorgehen und uns von Menschen, die über Erfahrungen verfügen, wie man mit solchen Situationen umgehen kann, begleiten lassen.

Sich auf das Risiko einzulassen, dass geschieht, was geschehen soll

Was C. G. Jung und Teresa von Avila über die Bedeutung des Selbst schreiben, lässt sich für mich gut auf die Auseinandersetzung zwischen der Ego-Kirche und der Selbst-Kirche übertragen. Die Bereitschaft, dem Selbst in der Kirche immer mehr die Führung zu überlassen, verlangt von uns Demut und Geduld. Es verlangt den Mut, keine Angst davor zu haben, dass dadurch etwas anderes geschehen kann als das, was ich dachte, dass geschehen wird. Es verlangt von mir, mich auf das Risiko einzulassen, dass geschieht, was geschehen soll oder geschehen muss. Ich werde bei diesem Prozess entmachtet, die Kontrolle wird mir aus der Hand genommen. Das aber geht nicht von heute auf morgen. Es braucht Zeit, geschieht nicht abrupt, sondern in einem Prozess.

Doch es ist die Voraussetzung dafür, dass die Strukturen nicht irgendwann wichtiger werden als das, wofür sie da sind. Sie sind lediglich das Gefäß, innerhalb dessen das Eigentliche geschieht, auch dank ihrer Mithilfe. „Möge jener, der den Zucker auflöst zur rechten Zeit auch mich auflösen" (Richo 1999,63), sagt der islamische Mystiker Rumi. Erst wenn die Ego-Strukturen sich auflösen, kann das Selbst, kann der Geist, der Heilige Geist, uns berühren, seine Gnade über uns so ausgießen, dass sie bei uns ankommt.

Wir merken es ja selbst, dass das Äußere uns mit der Zeit nicht wirklich erfüllt, auch das Äußere, mit dem sich die Kirche präsentiert. Es zieht uns hin zum Zentrum der Seelenburg, schreibt Teresa. Die Attraktion, die von diesem Zentrum ausgeht, kann auch als ein persönlicher Ruf Gottes verstanden werden. Das entspricht auch dem, was C. G. Jung über den Individuationsprozess sagt, von dem er als einer Berufung spricht, der wir nachkommen müssen. Berufung ist wie ein Gesetz Gottes, dem man nicht entweichen kann, schreibt er.

11. Kapitel
Wenn Ego-Kirche und Selbst-Kirche miteinander tanzen

Der Macht entsagen

Die Kirche krankt an der mangelnden Bereitschaft, die Ego-Strukturen aufzulösen, der Macht zu entsagen, demütig zu sein. Solange das aber so ist, kann sich das Selbst, sprich der Heilige Geist, nicht entfalten, nehmen wir ihm die Möglichkeit beziehungsweise schränken wir seine Möglichkeiten ein, segensreich in der Kirche wirken zu können in der irrigen Meinung, es mit unseren Ego-Strukturen und unserem Ego-Verhalten selbst richten zu können.

Hier die richtige Mischung und Form zu finden ist die große Kunst jeder Institution, die Ideale, eine Vision verwirklichen will: die Ideale mit Hilfe unseres Ego und der Unterstützung von Strukturen umzusetzen, ohne mit der Zeit den eigentlichen Zweck, wofür sie da sind, zu vergessen und sich damit der Gefahr auszusetzen, sich selbst oder die Strukturen für wichtiger zu erachten als die Verwirklichung der Ideale.

Wir tragen unseren Glauben in irdischen, zerbrechlichen Gefäßen, heißt es im Neuen Testament. „Diesen Schatz tragen wir in zerbrechlichen Gefäßen; so wird deutlich, dass das Übermaß der Kraft von Gott und nicht von uns kommt" (2 Kor 4,7). Wir brauchen solche Gefäße, Gebäude, Regeln, Organisationen, Geld, Lehrsätze, weil und solange wir irdische Wesen sind, die auf Gegenständliches angewiesen sind. Um Eucharistie feiern zu können, benötige ich in der Regel eine Kirche, einen Altar, einen Priester, Brot, Wein. Wenn ich am Sonntag bei den Augustinern in Würzburg in die Kirche gehe, wird mir dort ein „Service" angeboten, der viel Engagement voraussetzt. Ich weiß, eine Messe kann auch ohne alles „Drumherum" gefeiert werden. Ich denke an die Messe über die Welt, die Pierre Teilhard de Chardin (1990,122) in der Wüste, ohne Wein und Brot zur Verfügung zu haben, feierte. Er beginnt mit den Worten:

> Herr, da ich wieder einmal, nicht mehr in den Wäldern der Aisne, sondern in den Steppen Asiens, weder Brot noch Wein noch Altar habe, will ich mich über die Symbole bis zur reinen Majestät des Wirklichen erheben und Dir als Dein Priester auf dem Altar der ganzen Erde die Arbeit und die Mühsal der Welt darbringen.

Die Erfahrung von Pierre Teilhard de Chardin hilft, uns immer wieder daran zu erinnern, um was es eigentlich geht, dass die äußere Form nicht das Wesentliche ist und dass, wenn sie irgendwann zum Wesentlichen wird, das Eigentliche der Form, die dann zum Ritualismus entarten kann, geopfert wird.

Wir brauchen Orte, Menschen, einen Rahmen

Wir brauchen in der Regel Orte, brauchen Menschen, die es möglich machen, dass wir uns begegnen, zum Beispiel im Rahmen der Eucharistiefeier oder der Abendmahlsfeier. Auf der anderen Seite gibt es natürlich auch andere Formen von Begegnung, in denen wir erfahren dürfen, was wir in der Feier der Eucharistie oder des Abendmahls erfahren dürfen. So stellt der große protestantische Theologe Karl Barth die Frage: „Wie ist es denn? ‚Wenn zwei oder drei' schlicht und unauffällig ‚versammelt sind in meinem Namen' (Mt 18,20), wenn sie Ihn anrufen und Ihm danken, *ist* Er da nicht mitten unter ihnen? *Ist* das nicht – ohne alle letzte Unsicherheit – ein ‚heilsgeschichtliches Ereignis'?" (in: Busch 2011,37).

Entscheidend ist, die Kraft des Geistes, die göttliche Kraft, durch die Form nicht zu beschneiden, zu drosseln, schon gar nicht ihre Ausbreitung zu verhindern. Vielmehr soll die äußere Form dazu beitragen, sensibel zu werden für die göttliche Kraft. Sollen wir davon berührt und entzündet werden, uns in unserem Tun vom Geist führen und bestimmen zu lassen.

Die göttliche Kraft und Energie ist grenzenlos

Dabei sollten wir bescheiden bleiben. Die göttliche Kraft und Energie ist grenzenlos. Was wir von ihr ‚einfangen', in Gefäße fassen können, ist nur ein verschwindend kleiner Teil von ihr. Auch verfügen wir nicht über sie. Sie steht jedem zur Verfügung. Die Religionen und Kirchen wollen auf sie hinweisen, ihr – so erbärmlich dieser Versuch auch bleibt – Ausdruck verschaffen, vielleicht auch sie sichtbar machen. Sie wollen sie kanalisieren, sie in Formen, Dogmen, durch Rituale transportieren und Menschen zugänglich machen. Ein zugegebenermaßen kühnes Unterfangen.

Es geht dabei darum – das darf man nicht vergessen und daran muss man immer wieder erinnert werden –, die

Menschen dabei zu unterstützen, Zugang zu der göttlichen Kraft zu erhalten, um sie zur Bereicherung ihres Lebens nutzen zu können. Alles, was den Zugang dazu erleichtert, soll unterstützt und gefördert werden. Alles, was ihn erschwert, gar verunmöglicht, muss vermieden und verhindert werden.

Auch kann es nicht darum gehen, dass jene Institutionen oder Personen, die sich dazu berufen fühlen, bei dieser Vermittlung der göttlichen Kraft mitzuwirken, für sich eine herausragende Rolle oder Bedeutung beanspruchen. Da hätten sie etwas falsch verstanden. Sie selbst sind nicht diese göttliche Kraft. Sie selbst sind nicht heilig, jedenfalls nicht mehr als jeder Mensch grundsätzlich heilig ist oder heilig sein kann. Das müssen die wissen, die im Dienst des Heiligen stehen, aber auch die beherzigen, die jene, die im Dienst des Heiligen stehen, nicht irrtümlicherweise mit dem Heiligen und der göttlichen Kraft gleichsetzen dürfen.

Angst und Vertrauen

Was heißt das für die Kirche, für die Personen, die in besonderer Weise Verantwortung in der Kirche tragen? Mangelt es ihnen an dem Vertrauen, das notwendig ist, um sich von der Angst nicht lähmen zu lassen, sondern durch sie hindurchzugehen, damit Neues möglich wird? Damit das, um was es letztendlich geht, wirklich zum Durchbruch kommt? Das aber möglicherweise verlangt, sich von liebgewordenen Gepflogenheiten, auch persönlichen Annehmlichkeiten, verabschieden zu müssen?

Wenn wir unserem Selbst und mit ihm dem Heiligen Geist die Führung in unserem Leben überlassen, dann überlassen wir einer Kraft die Führung, die unser Ego übersteigt. Dann kann sie ihre segensreiche Kraft entfalten. Dann schmelzen alle die Eigenschaften und Verhaltensweisen, die zu unserem Ego gehören, wie Geltungsdrang, Konkurrenzgebaren, Hartherzigkeit und Lieblosigkeit, dahin. Dann sind wir nur noch Liebe, dann waltet Gott, der nur Liebe ist, in unserem Leben.

Diesen paradiesischen Zustand haben wir noch nicht erreicht und werden wir zu Lebzeiten auch nicht erreichen. Diesen Zustand hat auch die Kirche längst nicht erreicht und wird ihn auch, solange es sie gibt, nicht erreichen. Weil unser Ego da nicht mitmacht. Unser Ego, auf das wir nicht verzichten können, auf das wir angewiesen sind, solange wir in der Welt sind. Da dürfen wir uns auch nichts vormachen. Daher wird die Kirche auch eine Ego-Kirche sein, sosehr es ihr zu wünschen wäre, dass sie immer mehr zu einer Selbst-Kirche würde, bei der andere Gesetze gelten, in der eine andere Dynamik das Sagen hat als bei einer Ego-Kirche, die auf Äußerlichkeiten, auf Titel, auf Macht usw. Wert legt.

Eine Selbst-Kirche meint es und macht ernst, wenn es heißt: „Der Größte unter euch sei wie der Geringste und der Befehlende wie der Dienende" (Lk 22,23 f.). Sie ist einem Netzwerk vergleichbar. In ihr herrscht gegenseitiges Vertrauen, das die Menschen, die dazugehören, aufblühen lässt. Furcht, die dazu beiträgt, dass Menschen eng werden, zusammenschrumpfen, ist ihr fremd. Furcht ist das Machtmittel der Pyramide (Steindle-Rast 2016,156). Die an der Spitze fürchten, ihre Machtstellung zu verlieren, weiter unten in der Pyramide führt Furcht zu Rivalität, zur Angst, zu kurz zu kommen, zu Habsucht, Geiz, Neid. In einer Selbst-Kirche gibt es keine Machtposten zu verteidigen, weil alle gleich würdig und gleichberechtigt sind. An die Stelle von Furcht tritt Vertrauen, statt Rivalität gibt es Zusammenarbeit, statt Habsucht ist man bereit zum Teilen.

Den Krallen der Angst entrissen werden

So sollte die Kirche ein Ort sein, an dem Ego und Selbst miteinander tanzen. Das hält das Ego in Bewegung, verhindert, dass es erstarrt. Es holt die Kirche heraus aus der Enge und Unbeweglichkeit, die dominieren, wenn das Ego allein regiert. Es bringt Schwung in die Kirche, ermöglicht es dem Heiligen Geist, sie durcheinanderzuwirbeln. Um dahin zu kommen, müssen wir loslassen können, müssen wir den Krallen der Angst entrissen werden. Müssen wir uns vertrauensvoll der Kraft des Selbst, der Kraft des Heiligen Geistes überlassen. Müssen wir, die wir es vorgezogen haben, es uns in dem Gewohnten gemütlich zu machen, dazu bereit sein, die Kontrolle aufzugeben, die uns bisher daran gehindert hat, uns dem ganz Anderen, dem Ewigen, aber auch dem ewig Neuen, zu überlassen.

Um sich einer solchen Dynamik, *dynamis,* also Kraft, zu überlassen, bedarf es einer Persönlichkeit, die flexibel ist, die in sich gegründet ist, die nicht an Äußerlichkeiten hängt, die innerlich jung geblieben ist, die bereit ist, sich immer wieder vom Selbst, vom Heiligen Geist, überraschen zu lassen. Also nicht im Ritualismus, Dogmatismus, Moralismus hängen und stecken bleibt, sondern sich frei bewegen kann. Wir können dann mit Thomas Merton (1976,114) sprechen:

Mein Herr und mein Gott! Ich weiß nicht, wohin ich gehe. Ich sehe den Weg nicht, der vor mir liegt. Ich weiß nicht sicher, wohin er führt. Auch kenne ich mich im Grunde selbst nicht recht. Und obwohl ich glaube, Deinem Willen zu entsprechen, bedeutet das noch nicht, dass ich ihn tatsächlich erfülle. Ich glaube aber, dass das Verlangen, Dir zu gefallen, Dir im Grunde wohlgefällig ist. Ich hoffe, dass ich in allem, was ich tue, diesem Verlangen treu bleibe. Ich hoffe, dass ich niemals etwas tun werde, das außerhalb dieses Verlangens liegt. Wenn ich so handle, weiß ich, dass Du mich auf dem rechten Weg führen wirst, auch wenn ich ihn gar nicht kenne. Deshalb will ich mein Vertrauen jederzeit in Dich setzen, obwohl es mich zuweilen dünkt, verloren zu sein und im Schatten des Todes zu weilen. Ich will mich nicht fürchten, denn Du bist ja bei mir, und inmitten der Gefahren, die auf mich andrängen, verlässt Du mich nie.

12. Kapitel
Gott innerhalb und außerhalb der Kirche entdecken

Armseliges Gestammel

Eine Kirche, die sich der Dynamik des Heiligen Geistes überlässt, beschränkt sich nicht auf ihre manchmal sehr engen Strukturen. Schon gar nicht glaubt sie, Gott gepachtet zu haben. Papst Franziskus fordert uns auf, uns nicht länger in unseren Kirchen einzubunkern, sondern hinauszugehen in die Welt, den Dialog mit der Welt aufzunehmen. Ich verstehe das auch als Aufforderung, Gott nicht nur in den Kirchen und Religionen, sondern überall zu entdecken. Für mich ist klar: Natürlich ist Gott in der katholischen Kirche nicht *mehr* präsent als anderswo. Wir haben in den Kirchen und Religionen Formen gefunden, mit Gott zu „kommunizieren", uns Gott zu nähern, ihn „darzustellen". Das aber bleiben immer nur eher klägliche Versuche, die wichtig sind, die eine Hilfe, manchmal aber auch lediglich eine Krücke darstellen, um mit Gott zu kommunizieren, um in das große Geheimnis einzutreten, das wir Gott nennen, mit ihm zu kommunizieren.

Ich finde es daher wichtig, dass die Kirche nicht mit großer Selbstverständlichkeit davon ausgeht, dass sie Gottes bevorzugter Ort ist. Sie in besonderer Weise das Privileg besitzt, über das lebendige Wasser zu verfügen, das den spirituellen Durst der Menschen zu stillen vermag. Das erinnert mich an eine Lieblingsgeschichte von C. G. Jung:

Das Wasser des Lebens, beseelt von dem Wunsch, sich auf der Erde zu zeigen, sprudelte unablässig und ohne Anstrengung aus einem natürlichen Brunnen. Die Menschen kamen von überall her, um von dem magischen Wasser zu trinken, und spürten, dass es sie nährte, da das Wasser so klar, so rein und belebend war. Doch die Menschen waren nicht zufrieden damit, die Dinge in ihrem paradiesischen Zustand zu belassen. Mit der Zeit fingen sie an, einen Zaun um den Brunnen zu bauen, Eintrittsgeld zu verlangen, Besitzansprüche auf das Grundstück zu erheben. Sie schufen Vorschriften, wer Zutritt zum Brunnen hat und wer nicht, und brachten Schlösser an die Zugangstore an. Sehr bald war der Brunnen im Besitz der Mächtigen und der Elite.

Das Wasser ärgerte sich darüber und empfand das als eine Beleidigung. Es hörte auf zu fließen und begann an einem anderen Ort zu sprudeln. Die Leute, die das Grundstück rund um den ersten Brunnen besaßen, waren so beschäftigt mit ihren Machtsystemen und Besitzansprüchen, dass sie gar nicht mitbekamen, dass das Wasser aufgehört hatte, zu fließen. Sie fuhren fort, das nicht vorhandene Wasser zu verkaufen, und nur wenige merkten, dass die ursprüngliche Kraft des Wassers verlorengegangen war. Aber einige Unzufriedene machten sich mit großem Mut auf die Suche nach dem neuen Brunnen.

Wenn ich diese Geschichte auf die Kirchen übertrage, stimmt mich das sehr nachdenklich. Die Menschen sehnen sich nach dem lebendigen Wasser, sie sehnen sich nach spiritueller Nahrung, die sie wirklich nährt. Doch finden sie dieses lebenspendende Wasser an den Plätzen, die für sich in Anspruch nehmen, der Ort zu sein, an dem sie es finden werden? Kann es sein, dass die Kirchen durch ihren Anspruch und das Verhalten, das sie dabei an den Tag legen, den Gang zum lebendigen Wasser erschweren? Hier wäre manchmal mehr Bescheidenheit angebracht im Wissen, dass Gott unfassbar ist, niemand ihn einfangen, für sich beanspruchen, letztlich auch nicht für ihn reden kann, alles Reden über ihn nicht mehr ist als ein „armseliges Gestammel" (Joseph Beuys).

Wir haben Gott nicht für uns gepachtet

Die geschichtlichen Religionen, so Martin Buber (1965), haben „die Tendenz, Selbstzweck zu werden und sich gleichsam an Gottes Stelle zu setzen". Nichts, so Buber weiter, sei so geeignet, „dem Menschen das Angesicht Gottes zu verdecken wie eine Religion". Die Konsequenz, die sich daraus ergibt, ist:

„Die Religionen müssen zu Gott und zu seinem Willen demütig werden; jede muss erkennen, dass sie nur eine der Gestalten ist, in denen sich die menschliche Verarbeitung der göttlichen Botschaft darstellt; dass sie kein Monopol auf Gott hat; jede muss darauf verzichten, das Haus Gottes auf Erden zu sein, und sich damit begnügen, ein Haus der Menschen zu sein, die in der gleichen Absicht Gott zugewandt sind, ein Haus mit Fenstern; jede muss ihre falsche exklusive Haltung aufgeben und die rechte annehmen."

Das sollte die Grundeinstellung sein, mit der wir Religion und dann auch das Christentum und schließlich die Kirche betrachten.

Ab und zu ergeht es mir hier wie dem Trappisten Thomas Merton, der in einem Brief an die Theologin Rosemary Radford Ruether (in: Tardiff 1995,17) schreibt:

> „Ich frage mich manchmal, ob die Kirche echt ist. Ich glaube es, wie du weißt. Aber manchmal frage ich mich, ob ich verrückt bin, das zu glauben. Bin ich Teil eines großen Schwindels? Ich drücke mich vielleicht nicht so gut aus, wie ich möchte: Ich spüre echtes Vertrauen in die Tatsache, dass Christus in der Welt präsent ist, und daran zweifle ich keinen Augenblick. Aber ist diese Präsenz dort, wo wir es von ihr behaupten? Wir zeigen alle irgendwo hin, aber mein Verdacht ist, dass wir in die falsche Richtung zeigen."

Die Trennung da profan, dort heilig überwinden

Also, machen wir uns daran, Gott zu entdecken, ihn überall zu entdecken.

Das beginnt schon damit, die Trennung profan auf der einen Seite, heilig auf der anderen Seite zu überwinden. Der protestantische Theologe Paul Tillich schreibt: „Wenn ich gefragt werde, was der Beweis für den Sündenfall der Welt ist, pflege ich zu antworten, die Religion selber, nämlich eine religiöse Kultur neben einer Welt in dieser Kultur und ein Tempel neben einem Rathaus, das Abendmahl neben einem täglichen Abendessen, das Gebet neben der

Arbeit, Meditation neben Forschung, caritas neben eros ..." (Feldmann 2004,57 ff.).

Wo entdecken wir dieses Heilige in der anscheinend profanen Welt? In einem Fußballstadion, in Filmen, in der Musik? Was hält uns davon ab, auch dort etwas von dem großen Geheimnis zu erahnen und zu erfahren? „Die Mysterien finden im Hauptbahnhof statt", soll der Künstler Joseph Beuys gesagt haben. Wir können sensibler werden für den Mozart in uns, wenn wir darauf achten, welche Musik, welche Erfahrungen uns tiefer ansprechen, ja das Göttliche in uns zum Schwingen bringen. Der Karmelit Reinhard Körner ist davon überzeugt, dass viele sogenannten nichtreligiöse Menschen Erfahrungen machen, bei denen das Göttliche in ihnen zum Schwingen kommt, ohne dass sie das jetzt so bezeichnen würden.

Gott ist immer da. In einer Bar nicht weniger als im Hohen Dom in Frankfurt. Gott lässt sich auch nicht auf die Kirchen und kirchenbezogene Aktivitäten reduzieren. Er lebt und wirkt in der Schöpfung, in unserer Welt, in uns und unter uns Menschen. Er schließt keinen aus. Keinen! Egal ob arm oder reich, Christ oder Buddhist, heterosexuell oder homosexuell, verheiratet oder geschieden oder wiederverheiratet geschieden, hinter Gittern in einem Gefängnis oder in Freiheit lebend. Entscheidend ist, ob wir Gott Einlass in uns gewähren, wach und sensibel sind für seine Anwesenheit in uns und in unserem Leben. „Gott ist da, wo man ihn hereinlässt", antwortet der 87-jährige Jehuda Bacon auf die Frage, wo Gott in Auschwitz gewesen sei (Jessen 2017,40).

Neue Orte, Räume, Nischen schaffen

In der Kirche haben wir Gottes Bewegungsspielraum durch unsere Lehren, Vorschriften, Strukturen oft so sehr eingeengt, dass er, so scheint es manchmal, nahezu zur Bewegungslosigkeit verurteilt worden ist. Es bedarf oder es bedürfte einer großen Kraftanstrengung, um uns von diesem Würgegriff zu befreien, so dass sein Geist dort ungehindert fließen kann. Vermutlich kann er allein diese Kraftanstrengung aufbringen. Dass er das kann, durften wir ja auch in der Geschichte der Kirche immer wieder erfahren. Solange dieser Würgegriff aber noch anhält, bleibt uns nicht viel anderes übrig, als nach Orten Ausschau zu halten, Nischen zu schaffen, in denen er ungestört wehen und sich ausbreiten kann.

Es ist zu hoffen, dass sich solche Räume ausbreiten und es zunehmend auch Gruppierungen gibt, die, entzündet vom Anfängergeist, kleine Kirchen bilden, in denen gelebt wird, die verwirklichen, was die große Kirche einst leben und verwirklichen wollte. Einige Beispiele:

Ein 80-jähriger Mönch, dessen Gemeinschaft möglicherweise vor dem „Aus" steht, meint: Vielleicht stirbt die monastische Tradition aus, der Rückzug aus der Welt. Jetzt geht es darum, dass Personen sich zusammentun und so miteinander leben, dass die Umwelt von ihnen sagen kann: „Seht, wie sie einander lieben." Es geht darum, den Mut zu haben, gegen den Strich zu leben. Einer solchen kleinen Kirche begegne ich in der Gemeinschaft Dreiquellen bei Bad Tölz oder in der kleinen Kirche unweit des Bodensees gelegen. Da gibt es nichts Großartiges, keinen Kardinal in bunten Gewändern, kein Oben und Unten. Da gibt es Gastfreundschaft, gemeinsames Beten, Einsatz für die

Nöte der Mitmenschen. Da lebt der Geist von Roger Schütz und Madeleine Delbrêl. Da kann ich mit Dag Hammarskjöld beten:

> Du, der über uns ist,
> Du, der einer von uns ist,
> Du, der ist
> auch in uns;
> Dass alle dich sehen – mich in mir,
> dass ich den Weg bereite für dich,
> dass ich danke für alles, was mir widerfuhr.
> Dass ich dabei nicht vergesse der anderen Not.

Immer wieder haben auch in der Vergangenheit kleine Gruppen, die verteufelt wurden, weil Geschichte von Machthabern geschrieben wird, sich bemüht, das Ideal zu verwirklichen, die Macht der Liebe gegen die Liebe zur Macht durchzusetzen.

Den Augustinern in Würzburg ist es in einer relativ kurzen Zeit gelungen ist, im Herzen von Würzburg eine Gottesdienstgemeinde aufzubauen, zu der zu gehören einfach Freude macht. Hier gibt es einen Ort, an dem nicht zu viel Tradition bedient wird, diese aber im Angebot der Ritaandachten oder im gelegentlichen Singen von Gregorianischem Choral auch vorkommt. Vor allem aber ist es ein Ort, an dem die Sehnsucht nach dem „Mehr" geweckt und eine Kirche erlebt wird, die „durch ihre Nähe und Zugehörigkeit das Herz der Menschen erwärmt" (Papst Franziskus 2016,28).

Das FORUM St. Peter in Oldenburg versteht sich als ein Forum, in der alle Menschen willkommen sind und erfahren dürfen: „Ich darf hier sein, so wie ich bin, mit all dem, was ich mitbringe." Die hauptamtlichen und 40 ehrenamtlichen Mitarbeiter und Mitarbeiterinnen tun das, weil sie überzeugt sind, dass Gott ein vitales Interesse an jedem Menschen hat. Die Menschen, die zu ihnen finden, betrachten sie als Menschen, die etwas Kostbares mitbringen: nämlich sich selbst. Sie wollen die Kultur des Umgangs mit den Fremden und Fernstehenden neu lernen als ein Stück Lebenskunst im Alltag.

„Erzähle mir, wie Gott ist.
Ich beginne es zu vergessen"

Wenn wir Gottes Anwesenheit nicht auf die Orte beschränken, wo wir glauben, dass er ist oder zu sein hat, werden wir *ihn* dort entdecken, wo wir *ihn* bisher nicht entdeckt oder vermutet hatten. Wir werden *ihn* entdecken bei vielen Menschen in unseren Gemeinden, wo *er* manchmal nicht zum Zuge gekommen, aber nie gänzlich ausgelöscht worden ist. Wir werden *ihn* – dessen bin ich mir sicher – in uns selbst entdecken, wenn *er* nicht länger von einem – manchmal auch kirchlichen – Denken, dem wir aufgesessen sind, verdunkelt wird. Wir werden *ihn* entdecken in andern Kirchen und Religionen, in Menschen, die nichts mit der Kirche am Hut haben und vielleicht gerade deswegen *ihm* näher sind, uns etwas von ihm zu erzählen haben.

Wir werden ihn entdecken bei denen, die noch unverdorben sind, den Kindern.

J. Philip Newell (2000, 20 f.) erzählt eine Geschichte, in der ein kleines Mädchen die Eltern bat, eine Weile mit ihrem Bruder, der noch ein Baby war, alleine sein zu dürfen. Die Eltern erlaubten es schließlich und, fasziniert ob eines solchen Wunsches, lauschten sie an der Tür. Das kleine Mädchen sagte zu seinem Bruder: „Erzähle mir, wie Gott ist. Ich beginne es zu vergessen."

Epilog

Ich bin davon überzeugt, dass etwas Wesentliches fehlen würde, gäbe es die Kirche nicht mehr. Es gibt sicher vieles gegen sie vorzutragen, und in ihrem Namen ist viel Schreckliches geschehen. Aber sie ist und bleibt eine Bewegung, sosehr sie auch oft nicht den Eindruck erweckt, sich wirklich zu bewegen, dass sie die Menschen zusammenzuführen vermag. Sie riecht nach all den Jahrhunderten, ja Jahrtausenden immer noch irgendwie nach Jesus, auch wenn man manchmal lange riechen muss, um, wie es im Neuen Testament heißt, den Wohlgeruch Christi an ihr wahrzunehmen. Man muss dafür zu den Menschen gehen, in der Regel den ganz einfachen Menschen, die sich nicht in kirchliche Gewänder hüllen, um diesen Geruch zu vernehmen. Menschen, die beten, die lieben, die da sind für die anderen, die sich treffen in *seinem* Namen und dabei erfahren: Wo zwei oder drei in *seinem* Namen versammelt sind, da ist *er* mitten unter ihnen.

Welch ein Reichtum, welch tiefe Erfahrung gingen uns verloren, würde das nicht länger möglich sein. Gäbe es das nicht länger. Kirche, wie wir sie heute erleben, wird verschwinden, wird bedeutungslos werden. Die in ihr etwas werden wollen, müssen sich anderswo umschauen. Die in ihr einen Ort suchen, an dem sie mit anderen beten, mit anderen Liebe verwirklichen wollen, werden weiterhin Menschen, Orte finden, mit denen und an denen sie Kirche sein und erfahren können.

Das aber ist doch das Entscheidende. Das wird, davon bin ich überzeugt, nie vergehen. Auch weil *er* nie vergeht, weil er immer da ist, wo wir ihn hereinlassen. Vielleicht muss auch vieles von dem, was wir bisher unter Kirche verstanden haben, auch vergehen, zusammenbrechen, damit *er* wieder mehr in den Blick gerät, es um *ihn* geht.

Literatur

Julia Bernewasser: No Neugier, in: DIE ZEIT Nr. 44, 20. Oktober 2016

Martin Buber: Nachlese, Heidelberg 1965

Eberhard Busch: Meine Zeit mit Karl Barth. Tagebuch 1965–1968, Göttingen 2011

Brigitte Dorst: Resilienz. Seelische Widerstandskräfte stärken, Ostfildern 2015

Christian Feldmann: Was uns unbedingt angeht, in: Publik-Forum Nr. 11, Juni 2004

Papst Franziskus: Der Name Gottes ist Barmherzigkeit. Ein Gespräch mit Andrea Tornielli, München 2016

Anselm Grün: Lob der sieben Tröstungen, Freiburg 2012

Anselm Grün, Thomas Hajik, Winfried Nonhoff: Gott los werden. Wenn Glaube und Unglaube sich umarmen, Münsterschwarzach 2016

Jens Jessen: Gott in Auschwitz, in: DIE ZEIT Nr. 7, 9. Februar 2017

Robert A. Johnson: Balancing Heaven and Earth. A Memoir, San Francisco 2013

C. G. Jung: Neue Bahnen der Psychologie, in: Raschers Jahrbuch für Schweizer Art und Kunst, Zürich 1912

C. G. Jung: Wirklichkeit der Seele, München 2001

Matthias Jung: Mut zum ich. Auf der Suche nach dem EigenSinn, München 2007

Erika Lorenz: Weg in die Weite. Die drei Leben der Teresa von Ávila, Freiburg 1999

Rollo May: Freedom and Destiny, New York 1981

Thomas Merton: Meditationen eines Einsiedlers. Über den Sinn von Meditation und Einsamkeit, Zürich 1976

J. Philip Newell: Echo of the Soul. The Sacredness oft he Human Body, Norwich 2000

Henri Nouwen: Love, Henri. Letters on the Spiritual Life, New York 2016

Karl Rahner: Die Gnade wird es vollenden, München 1957

David Rich: Shadow Dance, Boston 1999

Ronald Rolheiser: Sacred Fire, New York 2014

David Steindl-Rast: Ich bin durch dich so ich, Münsterschwarzach 2016

Murray Stein: C. G. Jungs Landkarte der Seele. Eine Einführung, Düsseldorf/Zürich 2000

Phil Stutz & Barry Michels: The Tools. Wie Sie wirklich Selbstvertrauen, Lebensfreude, Gelassenheit und innere Stärke gewinnen, München 2012

Mary Tardiff: At Home in the World. The Letters of Thomas Merton and Rosmary Ruether, New York 1995, 17

Pierre Teilhard de Chardin: Das Herz der Materie, Olten 1990

John Welch: Spiritual Pilgrims: Carl Jung and Teresa of Avila, New York 1982

Irvin D. Yalom: Existentielle Psychotherapie, Bergisch Gladbach 2005